新物流

新零售时代的供应链变革与机遇

王先庆 ◎ 著

NEW LOGISTICS

了解新物流模式、指导新物流实践的前沿读本

中国经济出版社
CHINA ECONOMIC PUBLISHING HOUSE

图书在版编目（CIP）数据

新物流：新零售时代的供应链变革与机遇/王先庆著.
—北京：中国经济出版社，2019.1
ISBN 978-7-5136-5023-6

Ⅰ.①新… Ⅱ.①王… Ⅲ.①物流管理—研究 Ⅳ.①F252.1

中国版本图书馆 CIP 数据核字（2018）第 281078 号

策划编辑	牛慧珍
责任编辑	贾轶杰
责任印制	马小宾
封面设计	久品轩工作室

出版发行	中国经济出版社
印 刷 者	北京富泰印刷有限责任公司
经 销 者	各地新华书店
开 本	710mm×1000mm 1/16
印 张	16
字 数	190 千字
版 次	2019 年 1 月第 1 版
印 次	2019 年 1 月第 1 次
定 价	58.00 元

广告经营许可证 京西工商广字第 8179 号

中国经济出版社 网址 www.economyph.com 社址 北京市西城区百万庄北街 3 号 邮编 100037
本版图书如存在印装质量问题，请与本社发行中心联系调换（联系电话：010-68330607）

版权所有　盗版必究（举报电话：010-68355416　010-68319282）
国家版权局反盗版举报中心（举报电话：12390）　　服务热线：010-88386794

推荐序

互联网、大数据、云计算、物联网、区块链、人工智能、移动终端等新技术在流通领域的广泛应用，直接推动传统批发、零售向智慧流通变革，导致商流、物流、信息流、资金流、人文流的融合，人、货、场的重构，企业的演变。纵观世界流通业的发展史，流通的变革往往是以零售业为突破口的，而新的流通业又是以物流、资金流、信息流为支撑的。物流与商流相互依存，没有商流就没有物流，商流的规模和流向决定着物流的规模和流向；反过来，没有物的"货畅其流"，也就谈不上货的"物尽其用"。因此，以新的零售方式为代表的新商贸，决定着新商贸物流的趋势、崛起以及未来。

总体来说，新的商贸物流具有四大特征：一是以智慧供应链为基本特征，强调供应链与产业链、价值链的协同，强调物流渠道体系与服务体系的构建与完善；二是借助大数据、人工智能等新技术，提升货物分送和配送的及时性；三是以定制物流为主，新物流与线上线下融合发展相匹配，逆向改变传统从生产到销售为主导的物流流向，逐步服务于C2B、B2B为主的商品定制；四是以到店、到场、到家为主，传统物流大多是转运和仓储物流，而新物流则逐步以智慧物流的形态，直接打通从源头到终端的物流渠道，去中间化。

王先庆教授是广东财经大学商贸流通研究院院长，同时也是中国商业经济学会副会长、中国流通三十人论坛（G30）成员、广东省决策咨询基地商贸物流与电子商务首席专家、广州现代物流与电子商务研究基地主任，长期关注和研究物流业，理论与实践密切结合，及时跟踪物流前沿发展。2015年出版的《互联网+物流》一书深受理论和实践工作者欢迎；2017年出版的"新零售时代丛书"更是国内新零售领域的畅销书，对新零售理念的传播和实践发展起到了很好的促进作用。这次出版的《新物流：新零售时代的供应链变革与机遇》一书，是上述系列著作的延续和深化。希望该书的出版，为新物流的发展产生更好的影响。

我国正处于从物流大国到物流强国的攻坚阶段，建设全球供应链重要创新中心的关键时期，无论是"一带一路"建设，还是全球化发展，都需要强大的现代物流与供应链支撑，中国物流人任重道远，让我们奋力拼搏，去夺取更大的辉煌。

丁俊发
中国流通G30成员
亚洲物流与供应链协会首席顾问
2018年12月12日

前　言

物流业是支撑国民经济发展的基础性、战略性、先导性产业，服务体验升级、供应链协同管理、建设物流强国的内在需求等诸多因素，对物流业发展提出了更高的要求。如何发展新物流，从传统单一、条块分割的物流业态向联接、联合、联动、共利、共赢、共享的综合物流与一体化物流转变，扶持引导数字物流、智慧物流、共享物流、协同物流、平台物流、末端物流等物流新物种，成为我国物流业面临的一项时代课题。

近两年，新零售模式成为社会各界关注的焦点，无论是阿里巴巴、京东等电商企业，还是永辉超市、银泰百货等传统零售企业，都积极投身于以消费者为中心、以数字化为核心驱动力的新零售革命。而物流作为新零售的重要组成部分，其转型升级是新零售模式落地的基础和前提。物流服务效率与水平的提升，能够带来更好的用户体验，提升用户消费欲望，确保零售企业的可持续增长；而零售企业的发展又会催生更多的物流需求，反哺物流企业。双方互惠互利，合作共赢，新物流与新零售的碰撞融合前景可待，未来可期。

新物流的"新"不仅体现在物联网、人工智能、RFID电子标签等新技术与新设备方面，更体现在协同共享、开放融合、即时响应、柔性定制等新思维与新理念方面，将新一代信息技术的深度应用和传统物流自动化、机械化、标准化相结合的同时，更强调满足个性化的物流需求，服务于各行业企业的商业创新，提高供应链整体效率，实现提质增效。

新物流强调对原有物流要素进行改造升级，充分抓住新一轮科技革命与产业变革带来的重大发展机遇，推进供应链的数字化、智慧化、绿色化，加快完善流通设施、物流网络等基础设施建设，促进跨区域、跨层级、跨平台、跨产业的资源流通共享。同时，加快完善相关体制机制与政策体系，打造面向未来的物流和供应链服务体系。

在国民经济发展过程中，物流业具有极为重要的战略地位。2017年10月13日，国务院办公厅发布首个供应链国策——《关于积极推进供应链创新与应用的指导意见》（以下简称《意见》），从顶层设计高度上为创业者与企业创新供应链模式、发展新物流指明了方向。

在构建智慧供应链体系方面，《意见》中明确指出："要以供应链与互联网、物联网深度融合为根本路径，以信息化、标准化、信用体系建设和人才培养为支撑，创新发展供应链新理念、新技术、新模式，高效整合各类资源和要素，提升产业集成和协同水平，打造大数据支撑、网络化共享、智能化协作的智慧供应链体系。"

在这种情况下，物流企业拥抱大数据、云计算、人工智能等新技术成为必然选择。令人欣慰的是，无人车、无人机、无人零售店等智能技术与设备的研究与应用进程日渐加快，已经出现了大量实践案例；在云计算技术支持下，云仓储、云物流等新兴业态蓬勃发展；大数据技术的应用，使企业能够描绘立体化的消费者画像，对人们不同时间、地点、渠道、场景下的消费需求有着深刻洞见，在此基础上进行资源的统一规划，实现整体供应链效率最大化。同时，打破组织、层级、部门之间的边界，实现制造端的商品流、贸易端的商贸流、资金流及物流等各环节数据的自由高效流动，建立以用户为中心、服务于用户价值创造的全新组织架构与业务流程。

国务院发展研究中心产业经济研究部第二研究室主任魏继刚在描述中国物流业中长期战略目标时表示："到2030年，中国成为物流服务体系全面完善的世界物流强国，全社会物流费用占GDP比重约为8%，拥有5~8家国际竞争力很强的跨国物流企业集团和全球供应链服务企业集团，拥有大量专业化、精细化和特色化中小物流企业群体；到2050年，成为世界领先的物流强国，引领全球物流业发展。"

也就是说，打造智慧供应链体系，发展新物流，完成我国从物流大国向物流强国转变的伟大目标绝非一朝一夕之功，新物流作为一种新生事物，其基本内涵、产业特征、增长逻辑等尚存在很多盲区，再加上物流业是资本宠儿，新模式、新技术、新业态等如雨后春笋般大量涌现，对新物流的相关理论、方式方法、落地路径等进行厘定是很有必要的。作者在对多年观察与分析进行深入总结并结合菜鸟、京东、苏宁等大量实践案例的基础上创作的《新物流：新零售时代的供应链变革与机遇》一书恰逢其时。

本书内容涵盖了新零售时代的智慧物流模式、新零售重构传统供应链、新技术驱动物流变革、供应链协同网络构建、打造新物流时代的智慧仓储体系、建立一站式城市配送新生态、智慧配送解决最后一公里问题等八大部分，内容翔实、脉络架构清晰、概念界定客观，对新零售背景下的新物流发展提出了极具针对性的对策建议；同时，引入了具有较强代表性的新物流探索典型案例，能够为创业者、零售企业、物流企业掘金新物流风口提供有效指导与帮助，是一本值得大力推荐的最新版物流前沿工具书。

目 录

第1章 新物流：新零售时代的智慧物流模式

1.1 新物流的概念内涵、特征与架构体系 / 003
- 新物流模式的概念内涵 / 003
- 新物流模式的主要特征 / 006
- 新物流模式的逻辑架构 / 009
- 新物流模式的服务体系 / 011

1.2 新零售：以消费者为中心的商业变革 / 014
- 新零售：颠覆传统零售格局 / 014
- 新零售驱动下的数字化转型 / 017
- 智能技术驱动零售效率优化 / 019
- 新零售时代的电商模式重构 / 021
- AT格局下的新零售布局实践 / 024

1.3 深度揭秘新物流与新零售的逻辑关系 / 028
- 新物流：新零售落地的关键 / 028
- 新零售与新物流的逻辑关系 / 030
- 新零售时代的物流模式升级 / 032
- 以消费者为中心的物流变革 / 034

第2章 供应链变革：新零售重构传统供应链

2.1 构建新零售时代的智慧供应链模式 / 039
- 新零售供应链与传统供应链 / 039
- 技术驱动的智慧供应链建设 / 042
- 零售企业供应链的转型路径 / 044
- 我国智慧供应链的发展趋势 / 047

2.2 我国物流企业的供应链转型升级路径 / 050
- 组织重构：促进供应链优化 / 050
- 产品升级：企业平台化转型 / 052
- 模式创新：整合供应链管理 / 054
- 数据驱动：实现数字化变革 / 056

2.3 基于数字化的供应链协同管理与优化 / 059
- 供应链协同的内涵及其分类 / 059
- 供应链协同优势与影响因素 / 061
- 物流服务供应链的协同模式 / 064
- 物流服务供应链的协同机理 / 066
- 物流服务供应链的协同策略 / 068

第3章 转型升级：技术驱动三段式物流变革

3.1 模式升级：新物流时代的智能化转型 / 073
- 新零售驱动的物流模式升级 / 073
- 借助技术实现智慧物流转型 / 076
- 新物流时代的企业运营路径 / 077

3.2 品牌升级：利用新技术重塑物流品牌 / 080
- 菜鸟：技术驱动的品牌升级 / 080
- 京东：无人物流时代的来临 / 082

◎ 苏宁：打造极致的服务体验 / 086

3.3 服务升级：构建全新的智能物流网络 / 089
　　◎ 智能互通：构建新物流体系 / 089
　　◎ 仓储布局：提升响应的速度 / 091
　　◎ 物流配送：打通最后一公里 / 092
　　◎ 品牌服务：品牌孵化与升级 / 094

第4章　数据驱动：大数据重塑物流企业价值

4.1 物流大数据：开启智慧供应链新时代 / 099
　　◎ 物流行业大数据的主要特点 / 099
　　◎ 物流行业大数据的应用特征 / 101
　　◎ 物流行业大数据的分类框架 / 102
　　◎ 大数据环境下的供应链管理 / 107

4.2 构建大数据物流开放平台的策略路径 / 112
　　◎ 大数据物流开放平台业务设计 / 112
　　◎ 大数据物流开放平台业务特点 / 114
　　◎ 大数据物流开放平台关键技术 / 116
　　◎ 大数据应用的方案设计与分析 / 118

第5章　平台战略：构建高效的供应链协同网络

5.1 车货匹配信息平台的现状与构建策略 / 123
　　◎ 车货匹配平台的模式与优势 / 123
　　◎ 车货匹配平台的现状与问题 / 126
　　◎ 车货匹配信息平台发展策略 / 129
　　◎ 罗宾逊：轻资产无车承运人 / 131

5.2 多式联运信息平台的建设思路与策略 / 135
　　◎ 多式联运的主要形式与分类 / 135

◎ 多式联运平台建设的必要性 / 137
◎ 多式联运信息平台架构分析 / 139
◎ 多式联运信息平台建设思路 / 141

5.3 供应链管理云平台的模式运营与策略 / 144
◎ 从供应链1.0到4.0的进化 / 144
◎ 供应链变革背后的驱动因素 / 147
◎ 用户主导下的云供应链模式 / 150
◎ 物流链云平台的功能与优势 / 152

第6章 仓储革命：新物流时代的智慧仓储体系

6.1 基于云仓储和云物流的电商物流模式 / 157
◎ 电商企业的传统配送模式 / 157
◎ "云仓储"与"云物流"融合 / 159
◎ 云物流平台模式的设计与运营 / 160
◎ 云仓储战略体系的落地与完善 / 162

6.2 构建基于智能技术的分布式仓储网络 / 165
◎ 分布式物流仓储的运营模式 / 165
◎ 分布式仓储体系存在的问题 / 167
◎ 分布式仓储管理的主要对策 / 170

6.3 布局多级分仓体系，提升供应链效率 / 173
◎ 高效物流：实现"三流合一" / 173
◎ 多级分销：实现优势资源整合 / 174
◎ 渠道变革：多级分仓运营策略 / 176

第7章 同城物流：构建一站式城市配送新生态

7.1 同城快递：物流领域的下一个新风口 / 181

◎ 同城快递：全新的蓝海市场 / 181
◎ 崛起因素：驱动裂变式增长 / 184
◎ 配送联盟：未来的发展趋势 / 186

7.2 同城配送：实现配送标准化和智慧化 / 189
◎ 新零售下的同城配送新格局 / 189
◎ 新一代同城配送的主要模式 / 192
◎ 易货嘀：同城配送创新实践 / 194
◎ 菜鸟：打造同城配送新体验 / 196

7.3 云鸟配送：打造一体化城配解决方案 / 201
◎ 打造一站式同城配送供应链 / 201
◎ 构建同城供应链的交付平台 / 204
◎ 利用科技提升城市配送效率 / 206

第8章 智慧配送：突破"最后一公里"配送瓶颈

8.1 新零售环境下的电商物流转型与变革 / 211
◎ 新消费时代的物流模式转型 / 211
◎ 借助大数据构建精益供应链 / 212
◎ 分享经济下的共同配送模式 / 214
◎ 新零售电商物流的创新玩法 / 216

8.2 末端配送：共享经济下的配送新模式 / 220
◎ 末端配送的共享模式与价值 / 220
◎ 末端配送共享模式简介及特点 / 222
◎ 末端配送的发展痛点与建议 / 224
◎ 巨头布局：抢占最后一公里 / 226

8.3 新物流时代的电商末端配送模式优化 / 230

- ◎ 智慧物流环境下的运作特征 / 230
- ◎ 电商配送存在的问题与对策 / 232
- ◎ 末端配送的优化与运营思路 / 235
- ◎ 末端配送的优化方案与流程 / 236

第 1 章

新物流：新零售时代的智慧物流模式

1.1 新物流的概念内涵、特征与架构体系

◎ 新物流模式的概念内涵

在第二次信息革命与第三次全球产业转移的背景下，我国数字经济及以数字经济为基础发展起来的产业逐渐迈进第二发展阶段，物流业有望实现爆发式增长。在近十年的发展过程中，我国城镇化速度不断加快、政策比较宽松、人力成本较低、传统商贸模式比较落后、数字经济规模庞大、产能极大，在这六大条件的支持下，电商实现了迅猛发展。

过去5年，我国网民数量以25%的复合增长率爆发式增长，互联网消费增长率达到了32%，均位列全球第一。相关数据显示，多年来，我国快递业发展迅速。10年前，我国快递业务量不足美国的10%；10年后，我国快递业务量已是美国的2倍。同时，我国居民的消费习惯被彻底改变。对于电商来说，较低的物流成本曾是其崛起的重要条件，在每笔电商货物总价值中，物流费用约占8%，从心理与竞争力两方面为电商的爆发式增长提供了有力支撑。

现如今，人口红利逐渐消失，快递成本不断增长。我国劳动力人口供给负增长趋势已持续5年，对物流行业产生了直接影响。根

据阿里研究院提供的调研数据，目前，部分快递企业的人力成本在以年均10%～25%的幅度增长，场地租金在以年均30%左右的幅度增长。2017年"双11"前夕，韵达、中通等快递企业上调了快递价格。此前，在十多年的发展过程中，快递企业一直以降低价格的方式来获取竞争优势，这次价格上调说明整个快递行业对成本的耐受程度已经达到了极限，快递价格触底反弹。

另外，我国居民的消费习惯很难改变，物流规模的扩大与物流碎片化现象都使物流成本有所增长。目前，随着移动互联网实现普及应用，电商的定义愈发模糊，线上与线下融合发展趋势愈发明显，越来越多的线下门店开通了"门店配送"服务，快递需求进一步增长。该问题已超出物流行业的范畴，演变为在居民消费习惯不变、物流成本不断增长的情况下，现有数字消费模式能否实现可持续发展的问题。要解决这个问题，降低成本、提升效率是关键。在此形势下，物流行业亟须进行智慧升级，实现自动化、可控化、可视化、网络化。

现如今，"智慧"一词在物流领域频频出现，属于供应链管理文献中的高频词汇。相对而言，新物流是一个新词，尚未形成统一的定义。下面，我们对新物流的概念进行梳理，从而对新物流做出科学界定。

2009年，IBM首席执行官彭明盛建议美国政府投入资金建设新一代智慧型基础设施，首次提出"智慧地球"这一概念。该理念倡导将新一代IT技术引入各行各业，将传感器安装到日常生活的常见物体上，让他们相互连接形成"物联网"，并利用超级计算机与云计算对该网络进行整合，进而将网上数字地球、物理系统、人类社会整合在一起。如此一来，人类生活、生产都将实现精细化、动态化，从而实现智慧化。

第1章 | 新物流：新零售时代的智慧物流模式

"智慧地球"这一概念自提出以来就引起了诸多效仿，出现了"智慧医疗""智慧企业""智慧城市""智慧校园"和新物流等诸多新概念。

具体到实践层面，新物流的发展主要体现在信息化建设方面，也就是将信息技术引入物流领域。因为发达国家的信息化水平较高，各种信息技术在物流行业实现了广泛应用。而在我国，新物流的发展主要体现在两个方面：一是通过采购、运输、仓储、配送等环节实现信息化，让整个供应链实现信息共享；二是借传感器、GPS、RFID技术、自动化物流设备打造自动化、智能化、可视化物流。

总体来看，新物流不是物流行业发展到某一特定阶段必然出现的形态，也不是某种至高无上的形式，而是层次丰富、富有活力与创新力、动态发展、能使资源实现集约利用的物流集合。

通过上述分析我们发现，新物流系统包含以下几个重要组成部分与关键维度，分别是自动物流、产品智能、智能交通系统、物联

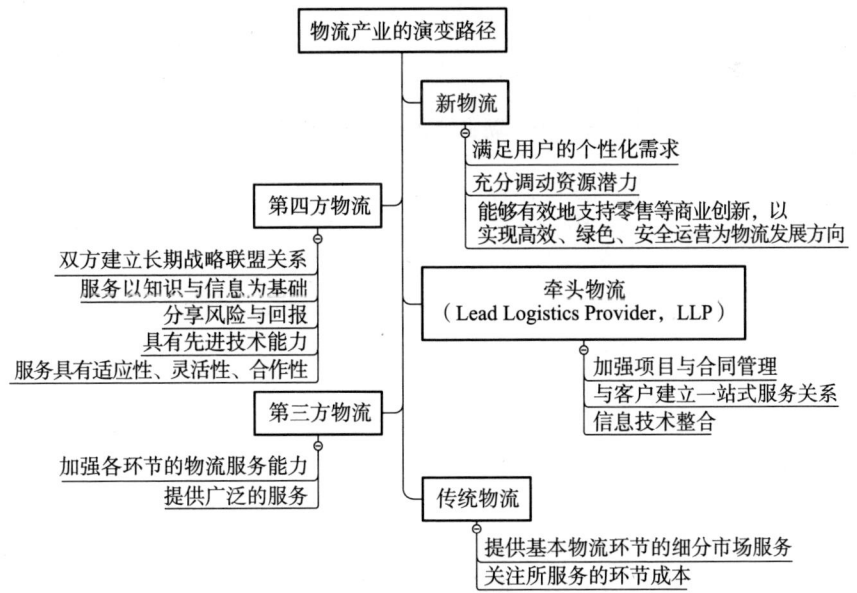

图1-1 物流产业演变路径

网、自组织物流。

综上,我认为,新物流是将物联网、互联网、云计算、人工智能等信息技术的深度应用与传统物流的自动化、机械化、标准化相结合,满足用户的个性化物流需求,将企业的资源利用潜力充分发挥出来,具有透明、协同、柔性、即时反应等特征,能为商业创新提供有效支持,提升物流效率,推动物流实现绿色、安全运行。

从本质上看,新物流就是原有物流要素的升级与重构,以供应链的数字化为前提,以流通设施及物流网络的完善为基础,以物联网、云计算等新技术的应用为支撑,以网络伙伴间的协同共享为关键。

新物流模式的主要特征

在经济发展进入新常态、科学技术不断进步、商业模式持续升级的形势下,消费者购买行为与购买习惯发生了极大的改变,对服务业,尤其是物流业的智慧化、数字化提出了更高要求。下面通过对国外研究成果及企业实践情况的分析,对新物流发展模式进行梳理。

表 1-1 新物流发展模式与内容

模式	内容
"新"产品追溯系统	可追溯系统在食品、药品行业广泛应用,为食品、药品安全提供了强有力的物流保证
"新"可视网络系统	利用 GPS、RFID、传感等技术对物流车辆进行定位、监控,对在线调度与配送等环节进行可视化管理
"新"物流配送中心	利用 RFID、传感、移动计算等技术及自动导引车、堆垛机、输送分拣线等设备创建自动化物流配送中心,对物流、资金流、信息流进行全面协调与管理
"新"供应链体系	利用 RFID、视频监控、条形码、无线网络传感等技术构建数据交换平台,建立物流信息共享平台、财务管理与结算系统,推动企业与供应链实现信息化,进而完成智慧供应链体系的构建

新物流模式具有四大特征,下面进行具体分析(如图 1-2 所示):

第1章 | 新物流：新零售时代的智慧物流模式

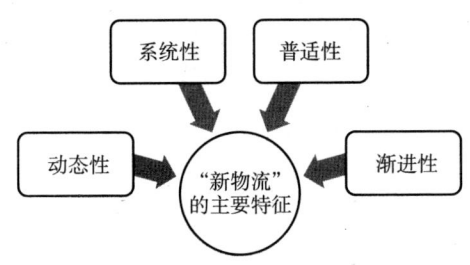

图1-2 新物流的主要特征

◆ 动态性

新物流是一种实时变化发展的创新业态，具有动态性的特征。从根本上来看，新物流的动态性主要体现在以下两个方面：

（1）"智慧"的变化发展。随着大数据、物联网、人工智能等新技术快速发展，"智慧"的内涵愈发丰富，物流的"智慧"水平有了大幅提升。

（2）"物流"的变化发展。随着供应链协同及物流整合趋势不断加强，共享物流与信息平台进一步发展，物流行业实现了转型升级与创新发展。

◆ 系统性

现阶段，新物流最常见的发展形势就是信息技术在物流行业的应用，所以人们对新物流的认识尚处在技术层面，具有一定的局限性。虽然物流的发展确实离不开技术的进步与应用，但其发展还需要其他条件的加持。

准确来说，新物流是一个复合型的系统。在整个系统中，技术支撑仅是其中的一个层面、一项内容。除技术外，新物流的发展还涉及了很多问题，比如体制问题、管理问题、组织问题、系统运行问题等。在这个系统中，新技术发挥的作用比较重要，但也需要系统的整合、组织、管理与运作。也就是说，新物流的发展是上述因素共同作用的结果。

◆ 普适性

物流涵盖了众多领域，物流产业本身也涵盖了众多行业，但目前，各行业发展良莠不齐。起初，那些获取了领先优势的行业最先出现新物流，之后这些行业发挥示范、带动作用，形成了具有普适性的新物流。

具体来看，新物流的普适性主要体现在以下两个方面：

（1）物流产业全方位普适。新物流的发展刚刚起步，该形态多出现在行业或企业对新物流的探索实践中。随着积累的经验不断增多，物流企业间的协作共享不断增强，可以带动其他行业或企业全方位推动物流产业实现智慧升级。

（2）价值创造的普适性。新物流发展的意义主要体现在两个方面：一是新物流可提升企业绩效，拓展市场份额；二是新物流能为顾客创造价值，给经济、社会、民生带来巨大的益处。

◆ 渐进性

对于我国物流行业来说，全面实现新物流是一个比较理想的战略规划。这一战略的实现需要整个物流行业共同努力，对目标任务进行细分，推动其按部就班地落地实施，整个过程必须脚踏实地、循序渐进。具体来讲，新物流的落地实施必须由物流企业从技术升级、管理升级、装备升级、系统升级等方面着手实现。

一直以来，企业经营与交通运输环境都深受物流成本的影响，同时，物流运输方式也因新商机、新零售、新技术的出现发生较大变革。但目前，我国部分物流企业仍没有建成物流管理信息系统，物流信息技术与设备比较落后，整个行业的运营效率较低，没能与客户实现深度合作。在此形势下，物流行业亟须通过智慧升级提升发展水平，增强核心竞争力。这一点体现了新物流的核心要义：

（1）通过云计算、大数据、人工智能等信息技术在物流企业的深度应用提升企业的信息化水平。

（2）与传统物流标准化、机械化、自动化的特性相结合，使物流实现智慧化配送。

（3）在满足用户个性化需求的基础上，通过对资源潜力的充分调动，构建一个透明、协同、柔性、能实现即时反应的综合物流企业。

（4）以支持商业创新为目标，推动整个物流行业实现绿色、安全、高效的运行。

◎ 新物流模式的逻辑架构

通过对国内外相关成果及我国新物流发展现状的研究，我们构建了新物流模式的逻辑架构。从总体来看，新物流的逻辑结构可分为三层：一是数据感知层；二是决策分析层；三是应用层。其中，数据感知层主要为新物流提供基础功能支持，决策分析层主要确定新物流的智慧升级模式，应用层主要呈现新物流具体的发展形态。

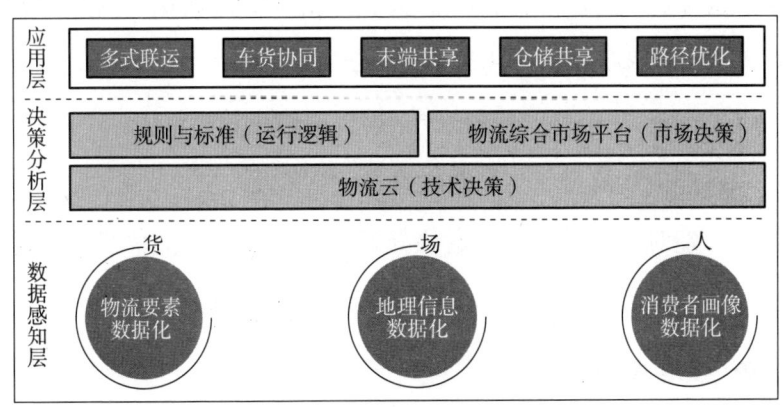

图 1-3　新物流的核心架构

◆ 数据感知层

新物流技术层以数据感知为基础,尤其要获取关键数据,包括人、场、地等数据,通过这些数据让物品信息实现数字化,借助卫星定位、RFID等技术实时获取物流信息,如物流车辆所处位置、货物配送状态等。

新物流技术层以智慧流通基础设施为重要支撑,该设施包括物流基地、公共配送中心、分拨中心、末端配送网点等。同时,物流基础设施的信息化改造也为新物流的实现提供了强有力的保障。新物流技术层以物联网、自动化、物流云为核心,通过新技术的推广应用,仓储、配送、客服等环节的自动化,整个物流过程可实现自动化。

◆ 决策分析层

要想将技术层获取的数据连接起来,进一步打通这些数据,必须借助基本的算法模型、基础协议与标准、行业判断、竞争策略与发展定位。

通过决策层的构建,数据挖掘与信息处理等技术可在物流管理与配送系统实现广泛应用,可对客户需求、物流数据、商品库存进行有效分析。具体来看,决策层有三大作用:

(1)能计算出最佳仓储位置,规划出最优仓储路径。

(2)能使物流仓储与配送决策实现智能化。

(3)能对货物进行精准定位与追踪管理,将物流信息实时反馈给客户及管理者,从而对商品产地及流通信息进行追溯。

◆ 应用层

新物流的落地需要政府、行业、研究机构共同作用。现阶段,新物流的应用具体表现在以下几个方面：

（1）多式联运：比如入选"第一批多式联运示范工程项目名单"的公铁联运、公铁海河多式联运、集装箱公铁水联运、集装箱水铁联运等。

（2）车货协同：比如用户可通过货拉拉 APP 叫车，实现同城即时货运，享受优质、高效、专业的物流配送服务。

（3）末端共享：比如共享第三方代收平台、智能快递柜等基础设施，开展共同配送等。

（4）智能仓储：比如苏宁借助"业务+仓储+技术"的零售仓储体系管控模式，以多元化的零售场景为核心，构建多种多样的仓储形式，如 DC 仓储、FC 仓储、门店仓、微仓等，从而满足电商、品牌商、零售商的业务需求。

（5）路径优化：比如杭州传化"易货嘀"致力于打造无车承运人平台，货主与司机可通过该平台交易货物运输信息，开展同城货物运输，实现集约配送，为货主与司机提供结算支付、保险经纪等服务。

◎ 新物流模式的服务体系

数字经济时代，数据成为企业参与市场竞争的重要战略资源，订单处理与查询、出入库、物流计划、物流运输、客户交付等各物流环节都要有数据提供的强有力支持。以物流计划为例，物流计划的制订离不开货物订单数据，物流计划的执行离不开物流资源要素数据。

货物订单提供了货物种类、数量、交付时间与地点等重要数据，是物流服务需求具体化的直接体现。货物订单数据覆盖了订单的整个生命周期，然而传统物流对这方面数据的采集、分析及应用缺乏足够重视，难以制订出科学合理的物流计划，主要就是管理者根据自身积累的经验制订，有较强的主观性，难以实现对物流资源的高效配置，无法响应客户的个性化需要。

新物流基于包括物流订单数据在内的海量数据制订物流计划，可以对所有订单需求进行整合，综合考量送货时间、地点、成本等多种要素，使物流计划更具科学性、灵活性、适应性。

物流计划的执行不仅是由物流订单的要求决定的，更受到物流资源要素的直接影响。当物流资源要素数据缺失、滞后甚至出现错误时，在车辆与仓库选择、运输线路实时优化等方面很容易遇到各种问题，进而降低物流效率，提高物流成本。

数据驱动将会成为物流业的主流趋势，为此，我们必须要加快研究大数据、云计算、人工智能等新一代信息技术在物流领域的落地应用。未来，随着新物流模式日趋成熟，物流企业日常经营管理、仓储、运输、最后一公里配送等数据都会被实时搜集，并存储到数据库中，应用数据分析模型深度发掘其潜在价值，实现物流数据在供应链上下游企业之间的高效流通共享，提高整体供应链运行效率，为目标用户创造更高的价值，最终实现多方共赢。

◆ 新物流具有三重性

新物流具有三重属性，首先是物理属性。物流就是物的流通，所以它的物理属性很好理解，无须过多讨论。

新物流的第二重属性就是数据属性。这一属性经常隐藏在物的流通轨迹背后，很难被发现，它回答了物的来源、物的构成、物的流通环节与目的地、目标消费群体类型、物的获取场景与方式等问题。

整个物流过程会产生大量数据，借助这些数据可对物流出口端的客户行为做全面分析，增进物流商对客户的了解，甚至让物流商比消费者自己更了解自己。同时，借助这些数据还可对物流入口端的物品进行追溯，让物流商了解物品的来龙去脉。物品流通过程自然也有物流商存在。由此可见，物品的全生命周期管理都实现了数据化。

经数据链接与传导，新物流又产生了第三重属性——服务属性。在物品流通过程中，物流企业不仅为顾客提供拆零分拣、包装定制、搭配重组、场景设计等服务，还为其提供配套的金融服务，推动服务与文化不断增值。

◆ 新物流生态的前台、中台、后台

新物流生态的前台是多样化的场景，社群众多，消费者无处不在，可以根据大数据精准画像为消费者提供按需定制服务；产品只是企业与消费者的接触点，与消费者沟通交流的工具。物理空间、时间维度都得到了有效延展，消费者打破了时间、空间、店铺位置的限制，商品打破了内容、种类、数量的限制，消费者体验、商品交付打破了物理形态的限制。

新物流生态的中台是整个服务体系的核心，主要为商家赋能，包括柔性制造或柔性物流，智能制造或智能物流，各种各样的特色服务，等等。整个服务体系不是由一家企业包揽的，而是由多家企业共同构建的，企业各展所长，最终打造精准、丰富、及时的新物流服务。

新物流生态的后台是基础设施，具有软硬兼施、人机匹配的特点。对于线上来说，这个后台系统就是 SAAS 云；对于线下来说，这个后台系统就是快运快线网络与关键的连接枢纽。京东的无人机、无人车、无人仓、334 工程也好，菜鸟的 ACE 计划也罢，都是试图通过新物流基础设施的构建在未来的市场竞争中占尽先机。

1.2 新零售：以消费者为中心的商业变革

◎ 新零售：颠覆传统零售格局

自党的十八大强调要"实施创新驱动发展战略"以来，国内企业积极改革传统发展模式，引进新技术，并进行业态创新。近年来，新零售的概念逐渐进入大众视野，在这样的大环境下，包括传统零售企业、网络企业、跨界企业在内的实力型企业都在新零售领域展开了布局。

在同质竞争异常惨烈、消费升级的背景下，传统电商的流量成本不断攀升、服务及体验缺失等短板愈发凸显，而在电商强烈冲击下陷入关店潮的实体零售也陷入发展困境，如何借助技术、模式及管理创新推动自身的转型升级，抢滩新零售风口，成为零售企业亟须解决的重点问题。

线上、线下相结合及现代物流构成的新零售模式崛起，给企业提供了广阔的发展空间。亚马逊的无人零售 Amazon Go 及阿里巴巴的 VR 购物"BUY+"等诸多新零售项目，让我们充分认识到了新零售的惊人潜能。与传统电商过度依赖线上渠道不同，新零售涵盖了线上、线下，能够以人们的本地化生活场景为切入点，在满足人们个性化需求的同时，带来极致购物体验。

新零售模式出现后，相当多的传统实体零售企业对其充满了期待，希望通过充分发挥自身的线下资源优势，借助新零售风口夺回被电商企业蚕食的市场份额。

传统电商及实体零售企业的积极布局，使新零售虽然发展时间较短，但增长势头十分强劲，线上流程优化完善、物流效率不断提升、传统实体门店被改造成为体验中心等行为预示了新零售时代即将来临。云仓储、智能机器人配送等新零售衍生业态，颠覆了人们对零售业的认知。此前，很多人认为新零售只不过是传统电商及实体零售企业为了破解发展困境而炒作新概念，并不会独立创造出一种新的事物。

新零售模式不仅给零售业带来了新技术、新设备，更引入了新思维、新理念，将会对零售业及物流、制造、服务等关联产业产生深远影响，给人们的日常生活及工作带来诸多便利。

新零售的概念有很多特征，其中最关键的莫过于两点：以消费者为中心，以数字化为核心驱动力。为了跟上新零售时代的步伐，实现线上、线下渠道的一体化运营，参与其中的零售企业需要重塑商业模式，革新传统物流及供应链运营体系，在这个过程中，始终要坚持将消费者放在核心地位，并充分发挥数字化技术的推动作用。

◆ 以消费者为中心

"以消费者为中心"是新零售不同于传统零售的集中体现。在传统零售时代，消费者最关注的是产品本身的功能；现如今，从产品消费过程中获得的生活体验越来越成为人们的关注焦点。通过对消费者的行为进行分析能够看出，消费者的需求日益呈现出新的特点，对零售企业的运营也产生了新的期待。

图 1-4　消费者的需求变化

（1）高效便捷

从消费者的角度来分析，除了商品本身之外，具体的消费过程、消费场景也成为影响其决策的重要因素，高效便捷的消费体验成为人们追求的新元素。

（2）个性化

要想满足消费者的个性化需求，零售企业就要对消费者的需求进行充分而准确的把握，在此基础上为消费者提供相应的产品，并体现其个性化特征。

（3）独特体验

以"618""双11"为代表的大众消费节日，纵然能够调动消费者参与的热情，但独特的体验对人们来说也是不可或缺的。在某些特殊时刻、特殊场景下，这种需求更为强烈。当人们的消费选择、消费习惯发生变化时，企业将围绕消费者的需求开展自身运营，颠覆传统零售格局，通过改革传统的商业模式、商业业态、供应链体系等，加速整体运转。

◆ 以数字化为核心驱动力

在新零售发展过程中，数字化发挥着重要的驱动作用，能够促使企业建立新的产业生态体系，以消费者为中心开展运营。以往，企业采用的是由内至外的供应链运营模式，经营者主要根据自身积累的经验制定发展策略；在数字化的驱动作用下，企业会参考客户数据对产品开发、生产、销售等各个环节的运营进行优化，利用先进的数据技术实现价值链体系的转型升级，对供应链各个环节的运营实施改革创新。在这个过程中，企业要突破传统思维模式的束缚，发挥自身的创新能力。

◎ 新零售驱动下的数字化转型

整个零售行业的发展过程可分为三个阶段：一是传统零售阶段；二是现代零售阶段；三是电子商务阶段。现代零售是以传统零售为基础发展起来的，实行标准化运营、规范化管理，使整体运作效率得以大幅提升。但在这个阶段，零售商对商品、消费者都不甚了解，商品品类管理较为粗放。

到了电子商务阶段，一些问题就得到了有效解决，开展电子商务的商家开始主动了解客户需求，提升商品管理质量与效率。但从另一个方面来讲，电子商务也存在一些缺陷，比如无法让消费者获得真实的购物体验、物流速度比较慢等，这给新零售的出现和发展造成了一定的影响，这种影响主要体现在以下两个方面。

◆ 对消费者层面的影响

首先，通过线上业态与线下业态的结合满足消费者随时购物的需求；其次，通过线上数据与线下数据的结合对消费者做出全面把握，满足消费者个性化的购物需求；最后，通过构建分散化的渠道、多元化的场景、多种多样的支付方式让消费者享受整个购物过程。

◆ 对商业层面的影响

新零售对商业的影响主要包括提升整个供应链的智能化程度、对商业模式进行创新、构建现代化的商业业态、提升物流流通效率与商品品类更迭效率。

新零售供应链建设需要时间，需要克服计划、网络、配送、仓储等方面的挑战。在新零售模式下，企业要为此做出两大战略调整。

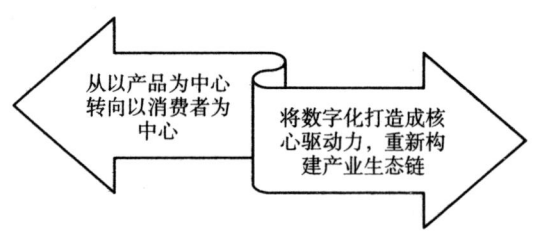

图1-5　新零售环境下的企业战略调整

（1）从以产品为中心转向以消费者为中心。在新零售模式下，商家不仅要满足消费者对产品功能的需求，还要满足消费者对服务体验的追求，将关注重点从选址、货架转向购物体验，优化消费者体验，全面提升消费者的认同感、参与感，将服务变成消费者的消费内容，让消费模式对生产流通模式产生逆向牵引作用。

（2）将数字化打造成核心驱动力，重新构建产业生态链。线上渠道、线下渠道的打通与多渠道的构建需要不断提升数字化技术。从传统意义上讲，数字化指的就是某个环节的数字化。但从长远来看，数字化指的不是设计、生产、营销等环节的数字化，而是端到端的数字化。

将数字化打造成核心驱动力需要很多条件，如大数据、新平台、新技术、新制造、新金融等。零售行业要提升所掌握的用户数据的质量，形成用户洞察，对设计、生产、采购、物流等环节进行有效引导。

为实现数字化转型，品牌商、物流商、零售商要解放思想，调整战略思路，从以内部为主导、自行研发、技术私有，转向对外合作、技术共享。此外，品牌商、物流商、零售商还要借第三方机构与科技公司的力量参与生态圈构建。

例如，物流科技公司 G7 利用人工智能、物联网、大数据等技术构建了一个数据底盘进行资产管理，为零售商、货主、电商平台、物流企业提供有效的技术支持，全面提升物流效率，降低物流成本，保证物流安全，从各个层面为新零售供应链的发展提供助力。

京东物流以开放、包容的心态与物流科技企业、仓储服务企业、物流运输企业联合，构建综合物流方案。

自新零售出现之后，线上零售企业、线下零售企业、跨界零售企业都对其开展了积极探索，参与者大致可划分为三种基本类型，每种类型都有自己的优势。第一，线上电商拓展线下业务。电商在技术、数据方面有明显的优势，但缺乏线下资源，线下运营能力不足。第二，传统线下零售企业拓展线上业务。这类企业掌握着丰富的供应商资源，在商品管理、网络终端经营方面有自己的独到之处。第三，跨界企业，这类企业最典型的就是物流企业。物流企业负责商品流通，与新零售的资源优势相契合。

◉ 智能技术驱动零售效率优化

在传统电商增速趋缓、流量成本不断攀升，跨境电商及农村电商短时间内难以取得实质性突破的背景下，马云提出新零售概念，很难不让人怀疑这是其为了打破传统电商发展困境而进行战略转移。但新零售的快速发展对这一观点进行了有力回击。在各路玩家的积极探索下，新零售的意义和内涵变得更为丰富，颠覆了人们对新零售的传统认知。

除了线上、线下融合及现代物流外，新零售还涉及物联网、大数据、云计算等新技术应用，对商业逻辑进行颠覆性重构，对用户体验进行升级改造。它对零售企业提出更高的要求，也为其商业探索提供了几乎没有天花板的想象空间。

淘咖啡、缤果盒子、F5未来商店、Amazon Go等无人便利店项目，让广大消费者充分认识到了新技术在零售领域应用后，对提高购物效率、降低购物成本所创造的巨大价值。人脸识别及支付，将会显著提高客户响应效率及支付安全性，同时解决传统实体零售中的排队付款、人力成本过高等问题。工厂直通消费者的C2M模式，通过减少流通环节显著降低交易成本，同时结合预售定制模式实现低库存甚至零库存，促使供需更趋平衡。

流量从线上到线下回流是新零售发展的重要驱动力。电子商务具有的商品品类更为丰富、价格更低、打破购物时间和空间限制、送货上门等优势，使流量从线下转移到线上、从PC端转移到移动端。但在消费升级背景下，电子商务的服务和体验缺失、物流时效差、无法保障产品品质等短板愈发凸显。

把集中在线上的流量向线下转移，确实是打破电商发展困境的有效方式，它能给电商行业的发展增添新动能，使广大线上卖家及平台借助流量红利获得高额利润回报，是新零售模式的一大重要特征。但它并不是新零售发展的唯一驱动力，如果新零售仅是将流量从线上转移至线下，根本无法促使零售业完成转型升级，在优化用户体验方面也不会取得实质突破。

应用新技术优化用户体验，进行商业模式创新来提高零售效率，发挥物流、服务等关联产业的协同联动作用等，都是新零售发展的重要驱动力，也是新零售风口所带来的红利。

新零售将会给人们的日常生活带来深远影响，电商尤其是移动电商崛起，使人们从逛街转变为逛网店。而由于模式限制，传统电商无法迎合持续升级的消费需求，这些问题经过微信、微博等社会化媒体的扩散后，给传统电商企业的经营管理带来诸多阻碍。

新零售模式的出现，使传统电商模式造成的用户痛点有望得到有效解决，新技术的应用改善了用户体验，提高营销转化，帮助企业深度发掘潜在消费需求。事实上，新零售更深层次的意义在于，它给人们带来了一种全新的生活方式。

就像当前人们热衷于使用智能手机进行网络购物一样，未来随着新零售不断走向成熟，刷脸支付、无人配送、无人零售等将会成为人们购物生活的重要组成部分，并推动零售业不断发展壮大。

电商崛起对传统实体零售形成了强烈冲击，也让很多实体零售企业对电商企业积怨颇深。而新零售时代，电商和实体零售从对立走向统一，二者都回归服务用户的商业本质，并给人们带来新的生活方式。

◎ 新零售时代的电商模式重构

新零售的不断发展深刻影响了人们的生活与工作，颠覆了人们的传统认知，由用户驱动零售产业革命正以不可阻挡之势席卷而来，新技术、新设备、新模式及新理念的不断涌现，使创业者及企业获得了更多发展机遇，也为满足人们日益增长的美好生活需要提供了有效方案。

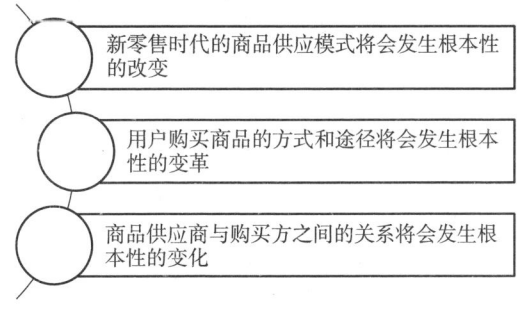

图 1-6　新零售模式的颠覆性

我们不禁要深入思考：颠覆性如此之强的新零售将会呈现出何种形式？未来的新零售模式和创业者及企业的探索实践有着怎样的联系与区别？新零售又会从哪些方面颠覆传统电商？

◆ 新零售时代的商品供应模式将会发生根本性的改变

在传统电商模式中，由海量商家为广大用户提供丰富多元的商品，极大地满足了人们多元化的消费需求，再加上电商的去中介化，减少了一系列流通环节，能够在保障商家利润的同时，让利消费者，有效解决了实体门店商品品类有限及层层加价问题，给广大用户的购物消费带来诸多便利。

本质上，传统电商的商品是由"个体户"提供的，虽然淘宝、京东、唯品会等电商平台对入驻平台的卖家进行细分，引入了诸多知名品牌商，但这只不过是将以个人为主的小型个体户转变为专业组织的大型个体户，仍然是用海量的商品来服务广大用户，并且根据产品实际销量，增加或减少上架产品品类。

简单地说，传统电商模式中的电商卖家"个体户"基于其盈利诉求为用户提供各种品类的商品，确实使商品品类得到了极大的拓展，在淘宝上更是只有想不到，没有买不到。然而这种从盈利角度出发的企业本位思维，使商品虽然多元化，但无法精准对接人们的个性化需求，造成人们被泛滥的同质商品所淹没，显著提高了人们的购物时间成本。

在新零售模式中，商品供应模式将会发生颠覆性变革，通过大数据、云计算技术对线上、线下的海量用户数据及商品数据进行深入分析，可以让零售企业发掘用户消费需求，避免盲目供给所造成的库存积压、资源浪费，有效提高交易效率及购物体验，实现企业和用户的价值共创。精准供应是新零售区别于传统零售的一大显著特征，它迎合了消费升级及可持续发展的主流趋势，也是未来零售企业构建市场竞争力的关键所在。

◆ **用户购买商品的方式和途径将会发生根本性的变革**

电商尤其是移动电商的快速发展，再加上生活节奏日渐加快，使人们的购物消费对线上依赖程度越来越高，很多零售企业更是选择关闭线下渠道专注于线上交易。同时，部分商家即便有线下渠道，但因为房租、土地、人力成本不断增长，以及过多的流通环节，也导致商品价格处于劣势地位，从而使人们对线下购买的意愿进一步降低。

在新零售时代，线上、线下将实现无缝对接，人们购物消费不再过度依赖线上渠道，通过线上、线下一体化管理，消除二者在品类、价格、服务间的差异，给人们的购物消费带来诸多便利。

同时，人们的购买方式也会发生重大变革。在传统零售时代，人们购物消费需要使用银行卡或智能手机等支付工具，购买效率较低，且安全性得不到充分保障；而在新零售时代，物联网广泛应用使商品实现数字化，通过人脸识别实现支付即时化，购买效率及安全性得到大幅度提升。

◆ **商品供应商与购买方之间的关系将会发生根本性的变化**

社群经济时代，虽然电商企业都在强调提高用户黏性，将用户转化为忠实粉丝，但双方的关系仍以交易关系为主，因为服务和体验缺失很难让隔着屏幕的交易双方建立信任关系。而在新零售时代，商品供需双方的关系将会发生重大转变，双方不仅是简单的交易关系，更是合作关系，二者深入沟通交流，共同创造美好生活。

开放、共享、共赢是移动互联网时代的主旋律，新零售模式将促使用户广泛参与到企业的产品设计、生产、定价、营销、配送等诸多环节之中。同时，用户将为企业提供海量的反馈数据，促使企业对业务流程、商业模式进行优化改造，供需双方成为利益共同体乃至命运共同体。

传统电商发展陷入瓶颈期，使零售企业不得不深入探索新的发展路径，思考未来零售业将会走向何方。快速崛起的新零售给零售企业提供了答案，新技术、新商业模式的不断涌现，推动着新零售不断走向成熟。在消费需求的驱动下，零售企业对新零售的逻辑与内涵、战略规划、落地方案等方面的探索日渐深入，将引领人类社会步入新时代。

◎ AT格局下的新零售布局实践

2017年，新零售实现了迅猛发展，传统实体零售企业、互联网电商、创业企业都在新零售领域展开了积极布局，其中阿里巴巴、腾讯主导的两大新零售阵营发展速度最快。经过2017年1年时间的发展，新零售市场划分成了两大阵营：一个以阿里巴巴为主导；一个是腾讯、京东共同主导。

◆ 持续投资，扩张新零售版图

2017年，阿里巴巴在新零售领域共投入了110亿美元。

阿里巴巴用29亿美元与高鑫零售达成了战略合作关系，获得欧尚、大润发两大零售品牌及其分散在全国29个省市的446家超市。阿里巴巴增资26亿美元获得银泰商业分布在全国各省市的29家百货商场和17家购物中心；用21亿美元收购三江购物；与百联集团达成战略合作关系；入股联华超市。在海外，阿里巴巴也展开了积极投资，比如在2017年4月再次投资Lazada，花费10亿美元将持股比例提升了32%。除此之外，阿里巴巴还投资了印尼电商应用Tokopedia，投资额为11亿美元。

在新零售布局方面，腾讯、京东达成了合作。2014年，腾讯斥资2.15亿元入股京东，开启"京腾计划"。之后两年，腾讯与京东合作了400多个项目，复投项目达到了250个，复投率达到了61%。2015年，京东斥资43亿元获得了永辉超市10%的股份。2016年，京东斥资400亿元收购1号店。

2017年底，腾讯以8.63亿美元入股唯品会，随后以42亿元的价格入股永辉超市，之后又和唯品会、海澜之家、万达集团、步步高集团建立合作关系，领投每日优鲜。而在2017年底和2018年初，永辉超市先后2次共投资16.57亿元购入红旗连锁21%的股份。2017年，永辉超市增资购入中百集团4.99%的股份，持股比例达到了25%。

◆ 不断创新的新零售业态

阿里巴巴不仅在持续增加资本投资，还致力于打破线上、线下的界限，推动商业形态进行全面变革。天猫商城推出一系列智能零售产品，比如天猫小店、智能化妆镜和试衣镜、智能母婴室等，对零售业态产生了深远影响。除此之外，天猫汽车贩卖机开启了大件产品零售时代；淘咖啡让人们对无人零售业态有了更全面、深入的了解；盒马鲜生则推动新零售全面升级。

面对阿里巴巴在新零售领域取得的成就，腾讯+京东也不甘落后，完全可以和阿里阵营形成一对一对抗局面。京东X超市引入无人科技；每日优鲜展现了无人零售业态；7Fresh、永辉超市的超级物种备受消费者喜爱；美团的康品汇、京东的钱大妈等都使消费者的购物体验得到了大幅提升。

◆ "盒马鲜生"新零售网红快速发展

（1）门店数量不断增加。2016年初，盒马鲜生第一家门店在上海正式开业。短短 2 年时间,盒马鲜生就开了 36 家门店,其中 16 家位于上海,8 家位于北京,其余门店散布在苏州、深圳、杭州、宁波、贵阳、福州等城市。2018 年初,侯毅公布 2018 年盒马三大规划,将门店拓展计划放在了首位,计划 2018 年在北京开设 30 家门店,在南京、上海、广州、杭州、西安、武汉等城市开设几家、十几家门店。

(2)消费场景不断丰富。2017 年,F2 便利店在上海开业,营业面积 800 平方米,酷似一家小型的盒马鲜生,消费者可以在这里享用白灼活虾、牛排、寿司、蒸点等新鲜食物。以盒马鲜生的大型零售店为中心布局线下便利店,这里的便利店更像物流配送的前置仓。未来,在一个城市中,盒马鲜生的大型零售店可能成为运营、体验中心,小型便利店可能成为大型零售店的前仓,配合大型零售店以 3 公里为限开展更精准的流量运营,为顾客提供急速配送服务。

2018 年 2 月 28 日,盒马鲜生又开拓了另一个线下消费场景——盒马 APP 上线了 SOS 频道。据了解,位于北京的 8 家盒马鲜生门店已同步上线该配送服务。除此之外,盒马鲜生无人店也已正式营业,并实现了盈亏平衡。盒马鲜生无人店是全球首家机器人超市,超市、餐厅全面使用机器人,通过人与机器的交互,借助显示技术、通信技术、大屏技术、进场定位技术等新技术全面提升门店运营效率,真正满足消费者的自主购物需求。在支付方面,盒马鲜生无人店引入了自助收银机、扫脸购,使结算支付效率得以大幅提升。

(3)不断提高消费和物流体验。盒马鲜生的供应链、物流履约链路、销售都全面实现了数字化。店内悬挂的麻绳网格附着的金属链条是盒马全链路数字化系统的重要组成部分。该系统有前台、后台之分,产品分拣、打包在用户下单 10 分钟内就可完成;如果目的地在 3 公里范围内,20 分钟就可送达。从商品到店、上架、分拣、打包到配送，整个过程都有自动化设备与智能设备参与，不仅降低了劳动强度，提升了劳作效率，还降低了出错率。据了解，盒马鲜生无人店的商品搬运、存储等物流工作全部由输送系统、机器人完成，无须人工劳动。

1.3 深度揭秘新物流与新零售的逻辑关系

◎ 新物流：新零售落地的关键

从2017年开始，新零售全面铺开：阿里巴巴、腾讯开始加速线下布局；传统零售企业开始加速转型升级，积极布局新零售；创业公司也不甘落后，试图借新零售快速崛起。短短一年时间，新零售火爆发展，"餐饮+超市"等新零售项目及无人超市、无人货架等无人零售业态遍地开花。

通过观察可以发现，无论是"餐饮+超市"模式还是无人零售业态，抑或是向新零售转型的传统电商与零售商，都对物流提出了全新的要求，都在强调新物流。现阶段，对于零售商来说，对库存进行精准控制、开展智能配送已成为其提升坪效与购物体验的重要环节。由此可见，新零售的发展离不开新物流的支持。从某种层面也可以说，新物流是新零售落地的关键，没有新物流，新零售就无从谈起。

在2016年10月召开的云栖大会上，马云提出"新零售"。根据马云的观点，未来，纯电商、纯实体零售都将消失，线上、线下、物流将实现全面融合，从而催生新零售。其中，线上指的是云平台，线下指的是实体零售门店，物流可以减少囤货量，实现零库存。纯电商将消失指的是现有的电商平台将逐渐分散，人人都将有自己的电商平台，不再入驻淘宝等大型电商平台。

关于新零售，阿里研究院的定义是：以消费者体验为中心的数据驱动的泛零售形态。新零售的定位是以较低的成本对资源进行实时、高效配置，对客户需求进行深度、精准挖掘，通过直播、社交、反馈带给客户更加优质的体验，贯穿生产、销售、物流等各个环节，积极引入人工智能、VR、机器人等新兴技术。

自马云提出之后，"新零售"这一概念引起了社会各界的高度关注，各业界权威人士也对此发表了自己的见解。比如，张近东在新零售的基础上提出了智慧零售，并在全国政协会议上表示"未来是智慧零售的时代"，还对智慧零售做出了定义。他认为，智慧零售就是利用物联网、互联网等新技术对消费者的消费习惯进行感知，对消费趋势进行预测，对产品生产、制造进行引导，满足消费者对产品多样化、个性化的需求。

马化腾将对传统商场、超市的赋能视为智慧零售，他认为智慧零售要以去中心化的方式，利用全方位的平台能力为商家提供具有包容性、可创新、可持续的方案，为商家赋能，推动传统商家转向智慧零售，实现可持续发展。

刘强东基于新零售提出了"无界零售"这一概念。刘强东认为，从实质上看，当前的第四次零售革命就是无界零售，是一场零售行业基础设施的变革，其目的是通过知人、知货、知场降低零售成本，提升零售业运行效率，带给消费者更好的体验。

通过这些层出不穷的新概念，我们可以发现零售行业的发展趋势：从以产品为导向向以消费者为导向转变。根据阿里研究院发布的报告，新零售的核心价值在于使全社会流通零售业的运转效率得以全面提升，并提出"零售二重性"这一新概念。零售二重性指的是，现阶段所有零售主体、商品、消费者既具有物理属性，又具有数据属性，需要从二维角度对新零售进行全面思考。

以"优通供应链"为例，该供应链曾荣获 2012 年年度商业模式创新奖，其广告语是"优通商物流，不仅仅是物流"。其中，"商物流"关注的就是物流的数据属性，并由信息流带动商流，最终物流、信息流、资金流合一，共同走向商流。

正是因为关注了物流的数据属性才打造了更完善、更高效的供应链体系，数字化生产才有了实现的可能，零售才有希望回归本质——零售企业通过商品、服务获取利润，而不是通过信息差获取利润。再如，社区生鲜店"康品汇"，其口号是"像销售化妆品一样销售生鲜产品"。化妆品大多有品牌，生鲜产品没有品牌，消费者品牌意识不断觉醒驱动原产地的产品挖掘。

 新零售与新物流的逻辑关系

基于数据属性，新物流最终可发展为柔性物流；基于服务属性，新物流最终可发展为与商品增值服务对应的专业物流或在物流、信息流、商流联合的基础上形成的商物流。在整个过程中，物流的物理属性始终是外在体现。

正是在这个由物流、商流、信息流构建的立体系统中，才能由物流带来数据流，最终走向资金流。从这个角度来看，新物流可称为"生态物流"。未来的商业竞争不再是企业之间的竞争，更多的是生态系统之间的竞争。之前发生的顺丰与菜鸟竞争事件就是两个生态物流系统间的竞争。

正是在这个新物流体系的支持下，新零售领域的"零售物种大爆发"才有可能实现，新零售远景（任何时间、任何地点、任何主体、任何内容）才有可能构建。说得更直白一点，新零售就是新物流的呈现方式。任何时间体现了物流在新零售领域的不可或缺性。事实确实如此，新零售物种出现的同时，消费者的物流体验有所提升，对物流精准度的要求也有所提升。零售基础设施革命是一场数据驱动的物流前置革命，最终目标是实现单未下，货先行。

事实上，很多新零售业态都将"物流前置"作为核心发展点，主打丰富、新鲜、精准、便捷，在不同的覆盖半径内布局，让"单未下，货先行"的设想真正实现。比如，致力于将"做饭变成一种娱乐"的盒马鲜生在周边3公里的范围内布局，在5000平方米的卖场内陈设3000多SKU（库存量单位）；社区O2O生鲜平台倡导"像经营化妆品一样经营生鲜"，在周边1公里的范围内布局，在200~300平方米的卖场内陈设1600多种SKU；钱大妈立志"不卖隔夜肉"，在周围200~500米的范围内布局，70平方米的卖场内陈设600个SKU；名为"在楼下"的自动售菜机的覆盖范围只有周边100米，消费者线上下单，线下取货，是一种社区智慧微菜场。这样的案例还有很多，都证明了一点：新物流与新零售密不可分，新零售无法脱离新物流生存、发展。

关于新时代的物流供应链问题，湖畔大学校长曾鸣提出一种新模式——S2B模式（Supply Chain Platform To Business），即服务于中小企业的供应链平台，该平台位于供应链与协同网络价值之间，是一种过渡的商业模式。S2B模式借供应链平台为中小型商家赋能，然后再让中小型商家为客户服务。在此情况下，供应链不是简单的网状结构，每个网络节点都既能实现单独供给，又能实现联合供给。消费者能参与到供应链的各个环节中去，尤其是产品设计研发环节。如此一来，品牌商可以就产品设计、研发事宜与消费者互动，设计出能真正满足消费者需求的产品。

曾鸣认为C2B模式是对B2C模式的彻底颠覆。在B2C模式下，企业生产标准化的产品和服务，消费者比较被动；在C2B模式下，企业根据消费者的需求生产个性化的产品与服务，消费者比较主动。从B2C到C2B，整个商业逻辑都发生了较大改变，整个商业网络也从传统供应链转变为一个全新的网络协同模式。

在新零售业态下，人、货物都将实现数据化。过去是生产决定消费，现在是消费者参与产品设计与生产；过去是品牌商、零售商主导供应链，现在以互联网为媒介，小品牌也能直接让产品触及用户。互联网、云计算、大数据等技术的作用就是改造传统的商业基础设施，只有改造完成，人、事、物、时间、地点才能实现连接，实时互动，真正进入新商务时代。

在新零售时代，供应链不再是单一的链状结构，要向数字化网状结构发展。

◎ 新零售时代的物流模式升级

与传统零售相比，新零售的商品提供、消费场所、消费行为等都发生了明显的变化。在这样的大背景下，企业需要对消费端进行改造，进一步提升消费体验；新零售物流则需提供更优质的商品、更好的体验、更高的性价比、更快的物流，并以客户为中心开展整体运营。

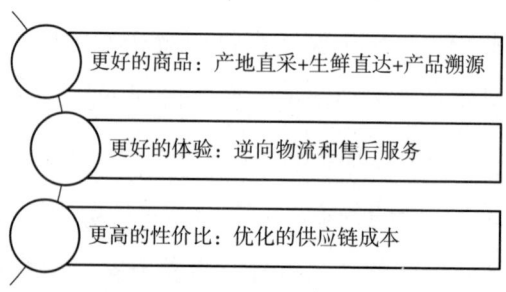

图1-7　新零售时代的物流模式升级

◆ **更好的商品：产地直采+生鲜直达+产品溯源**

在消费升级时代，人们的消费水平及消费能力逐步提高，希望自己能够买到更加优质的产品。为了向市场输出品质可靠的商品，企业选择通过产地直采、海外直采等方式布局新零售领域。在这个过程中，物流发挥着不可替代的作用。物流的价值集中反映在三个方面：

首先，实力型物流企业在发展过程中形成了完善的全球化物流网络，可采用整合方式加速在各个环节的运转；其次，物流企业在世界范围内实施采购计划，能够将质优价廉的商品推向市场；最后，经由实力型物流企业运输的产品，在品质方面拥有更加可靠的保证。借助物联网等先进技术手段，品牌商能够及时掌握供应链的整个运作流程，在实际运营过程中不断进行调整优化，并提高消费者对产品的认可度。

◆ **更好的体验：逆向物流和售后服务**

随着消费渠道、消费选择增加，企业越来越重视逆向物流的建设和售后服务的完善，这也是企业向新零售发展过程中必须经历的环节。

逆向物流是从消费者到生产者或商家，在进行商品退换货或返修时通常会用到这项业务。通过网购方式购买的产品，具体包括衣服、化妆品、电子产品等，会通过逆向物流进行退换货操作，这种业务对时效性的要求不高。有些商品在使用过程中出现问题，也可通过逆向物流进行返修，这类商品的价值通常比较高，商家完成返修后需要将商品再次寄给消费者。在新零售时代，选择网购方式的消费者数量持续增多，电子产品更新换代的速度也越来越快，企业要重视逆向物流及售后服务的建设与发展。

在具体建设及发展过程中，企业应着重提高以下三个方面的能力：

（1）推出上门取件服务，对于消费者寄来的维修产品，在结束维修服务后发件提醒，邮件到达后提醒消费者取件，满足消费者对便捷服务的需求。

（2）对于消费者急需的商品，推出加急运送等相关服务，在时效性方面满足消费者的需求。

（3）如果商品本身的价值含量较高，则需避免在运送途中出现损坏，推出相对应的理赔服务，提高安全保障。

◆ **更高的性价比：优化的供应链成本**

与传统物流不同的是，新零售时代的物流具有多样化、碎片化的特征，还有些物流服务对时效性的要求比较高，这些因素都提高了企业的物流成本。而企业要想降低成本，就要加快物流环节的运转，实现更大范围内的资源整合，建设新物流。现如今，国内物流总体成本居高不下，物流基础设施的利用率较低，物流成本较高是很多企业面临的问题。

企业可采取如下措施来降低物流成本：

（1）利用先进的扫码识别技术、无人机、智能拣货机器人、末端配送机器人等代替传统的人工劳作，减少物流环节的成本消耗。

（2）进行多方资源整合，提高物流运能的利用率，共享仓储空间、数据资源、平台资源等，提高社会力量的参与度，进而降低企业的物流成本。

（3）对物流路径、运作流程实施调整与优化，加速整体的运转。

◎ **以消费者为中心的物流变革**

何为"消费者画像"？即依据消费者档案进行内容定制，对消费者的相关信息、购物行为等进行把握,分析消费者的行为特征。

如果零售企业能够充分了解人们的消费行为特征,就能优化营销环节,并据此进行运力调度,完善物流服务体系。在战略上,企业要根据客户相关信息,综合考虑自身的特点,制定合理的营销战略;在品牌上,要参考客户相关信息,对客户的内在需求进行分析,据此选择合适的品牌发展模式;在价格上,要根据消费者的承受能力制定合理的价格;在营销上,要根据客户的需求,选择相对应的渠道开展个性化营销。

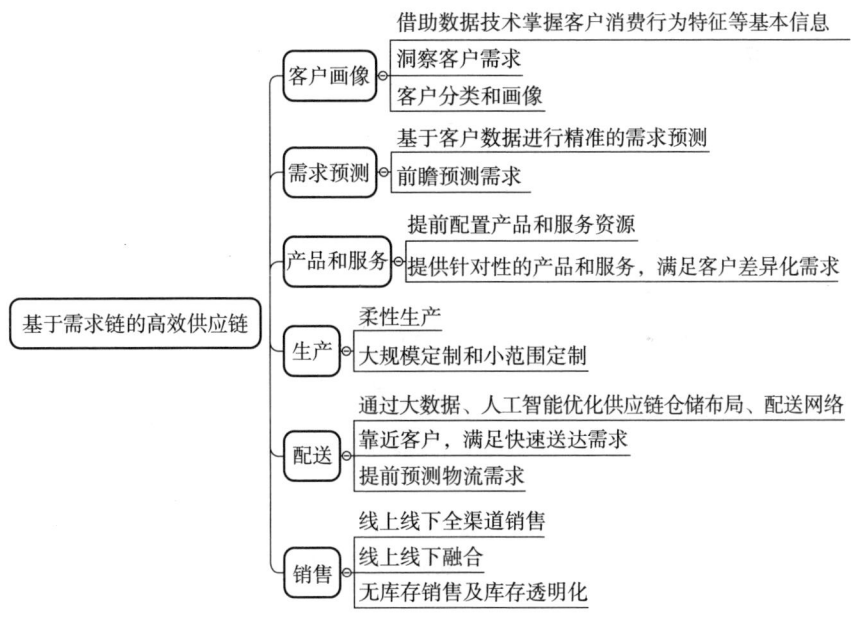

图 1-8　以客户为中心:基于需求链的高效供应链

为了吸引消费者购买商品,还应根据客户的消费习惯,在商品陈列(包括线下商品陈列及线上商品陈列)环节突出企业服务的独有特色。在物流环节,企业应该做到两点:一点是,在充分把握客户需求的基础上制定物流服务方案,方案内容包括给客户送货的时间、提供的配送方式等,提升其整体消费体验;另外一点是,提前预测物流需求，提高物流系统运营的灵活性，参考客户需求信息，事先做好库存准备并制订配送计划，继而提高物流环节的运营效率。

◆ 基于需求链的高效供应链

在对消费者信息进行收集与分析的同时，还要实施需求链数据管理，在此基础上制订合理的存储计划，加速供应链的运转。

◆ 用 C2M 生产模式代替以往的 B2C 模式

在新零售时代，企业对传统生产模式进行了改革，开始采用 C2M 模式，围绕客户需求，在了解客户相关信息的基础上，对生产链架构进行改革，推出定制化服务，更好地对接消费者的个性化需求。

在 B2C 模式下，生产企业占据主导地位，企业采用批量化生产方式，在开发、采购、生产、营销、售后等环节遵循统一的运作流程，供应链各个环节各自为政，经常出现企业产能无法消化的情况。

以淘宝、京东为代表的电商企业采用 B2C 模式，借助互联网平台直接与消费者进行交易互动，在给消费者提供多元化选择的同时，能够降低成本消耗，并能够参考消费者数据的分析结果优化企业的生产。但从根本上来说，企业的运营仍然离不开库存的支持。不同的是，采用 C2M 模式的企业会根据需求数据制订生产计划，推出切实符合消费者个性化需求的产品与服务。

第 2 章

供应链变革：新零售重构传统供应链

2.1 构建新零售时代的智慧供应链模式

◎ 新零售供应链与传统供应链

2017年3月，阿里研究院发布2017年新零售研究报告。按照阿里的解读，新零售是一种泛零售业态，消费者体验在其发展过程中占据主导地位，与此同时，企业还要发挥数据价值。在新零售具体运营过程中，除了通过创新消费场景来提升人们的购物体验之外，企业要更加注重消费内容的生产及整体的运营，为此，企业必须根据新零售的发展需求，对传统供应链体系进行改革。

从根本上来说，"传统零售"及"新零售"都应该将消费者放在核心位置，企业要做的就是为消费者提供符合其需求的产品和服务，并使其获得优质的体验。

在向新零售发展的过程中，有些零售企业采用O2O模式开展全渠道运营，有些零售企业注重与体验式消费的结合发展，还有些企业聚焦于建设产业生态链，这也是企业未来发展的三大方向。虽然演变路径不同，但从根本层面上来说，零售还是围绕"人、货、场"这三个元素展开。与此同时，企业会依托互联网平台的优势，对相关元素进行整合，从而加快整体的运转。传统模式下，零售业主要靠数量优势取胜；如今，企业的竞争开始聚焦于成本及效率。为此，企业必须改革传统的商业模式，通过提升效率来体现自身的优势，不断巩固市场地位。

进入新零售时代，供应链管理的本质被保留了下来。也就是说，企业需要促进供应商、仓库、经销商、终端零售等供应链上各个环节之间的配合，在把握消费者需求的基础上，及时为其提供种类、数量正确的产品。在这个过程中，零售企业要不断完善自身的服务体系，并进行成本控制。

进入新零售时代后，供应链管理的本质会表现得更加突出。在传统零售时代，企业本身在运营过程中占据主动位置，消费者则处于相对被动的地位，企业为促成与消费者之间的交易会采取多种措施，并尽力提升销售额。如今，这种传统的运营模式对消费者的吸引力已经大大降低，企业应该将消费者需求放在核心位置，供应链管理同样如此，这也是新型供应链区别于传统供应链的地方。

◆ 新零售时代的供应链不仅仅是供应链

传统零售模式下，供应链的功能集中体现在供应链后端，也就是采购、生产、物流功能。企业难以实现对不同销售渠道的统一运营，与消费者之间的接触也十分有限，导致供应链上各个环节之间的运营相互独立，供应链的灵敏度不高。

在新零售时代，消费者需求开始占据主导地位，消费者、商品、竞争者、价格因素等时时刻刻都处在变化之中，企业应该改变传统的运营模式，促进不同环节之间的连接，发挥整体的协同作用来对接消费者的需求。在这种大环境下，供应链应该转被动为主动，强化与消费者之间的沟通互动关系，在选品、趋势预测、商品价格制定与调整、商品供应及优化、商品采购等方面发挥作用。在零售企业的日常运营过程中,要发挥不同职能部门之间的协同作用,从整体角度出发,将供应链管理及运营、企业营销及大数据应用结合起来。在这个过程中,供应链上的各个环节都应该明确自身的职能定位,培养全新的思维方式并形成习惯。这也意味着新零售企业要对传统组织架构进行改革。

◆ 新零售时代的供应链是消费者驱动的

JDA 与 PwC 共同发布的《CEO 观点 2017:中国零售业转型之旅》表明,很多企业在发展过程中会出现缺货现象,企业在订单交付过程中的服务质量及总体效率也有待提高。

缺货问题及服务效率低下,导致新零售业态难以提升消费体验。而在产品快速更新、同类产品纷纷涌现的市场环境下,消费者对即时性的要求明显提高。零售企业要想满足消费者的需求,就要提高库存管理能力,避免出现缺货现象。在新零售时代,越来越多的企业倡导实现"零库存",而现有的供应链体系无法做到这一点。为了解决这个问题,企业必须实施精细化的供应链管理,根据消费者的个性化需求为其提供相应的服务,在这个过程中,要充分把握消费者的需求,在准确对接其需求的同时,有效降低企业的库存。

另外,企业在处理消费者退货问题时需要耗费大量成本,超过八成的国内零售企业都面临这个问题,消费者退货导致零售企业的利润规模下降。购买之后选择退货,说明消费者对体验不满意,要减少因商品本身导致的退货,就要注重对商品质量的把关、品类结构的管理、各个门店的运营等,还要打通退货流程与销售流程,通过这种方式来提高企业的利润所得,进一步提升消费者的体验,树立良好的品牌形象。

综上所述,进入新零售时代后,供应链依然保持其原有的本质,但需围绕消费者开展运营,并为消费者提供满意的服务。为此,企业要对传统供应链进行改革，跟上新零售时代发展的步伐，以提供优质的消费者体验为出发点，不断提高消费者对自身运营的认可度与满意度。

技术驱动的智慧供应链建设

沃尔玛是数据驱动的典型代表，该公司建成了完善的中央数据处理系统，可通过私人卫星进行信息上传与发布，能够对分布在世界各地的门店经营情况，对包括商品储存量、订单需求量、营销数据等在内的信息进行收集与统计，整个过程所需时间不超过1小时，并及时通过供应链系统为门店供货。亚马逊则是技术驱动的典型代表，该公司在创立时期就将自己定位为技术企业而非电商企业，在发展过程中涉足人工智能、云计算等领域，并将这些技术手段应用到供应链管理过程中。

马云在2017年全球新物流峰会上发表了演讲，在演讲中突出强调，物流企业在今后的发展过程中有赖于数据、技术、人才的支撑，企业要为技术开发及应用提供足够的资金支持。

由此可见，为了适应新零售时代的发展需求，企业在构建供应链体系的过程中，除了要引进优秀人才、优化现有流程、采用先进设备之外，还要进行数字化改造，运用先进技术手段提高供应链的智能化、现代化水平，进行以下三方面的建设：

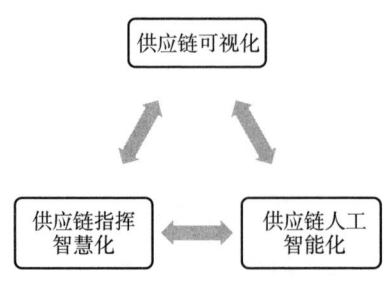

图2-1　供应链体系的数字化改造

◆ 供应链可视化

阿里巴巴旗下的盒马鲜生是新零售的实践代表，该品牌实现了对电子标签的普遍应用，将线上、线下的数据统一起来，具体包括库存数据、商品价格数据、营销数据、品类数据等；消费者可以在网络渠道订购，到实体店取货，这些措施为构建可视化供应链做好了铺垫。

在实现供应链可视化的基础上，企业能够将采购、开发、营销、物流配送等不同环节的运营连接起来，发挥协同效应，促进运营过程中产生的库存信息、市场需求信息、销售情况、物流等信息的高效传递与共享，提高供应链的响应能力。

随着新零售的发展，除了上述环节的可视化发展之外，店员、商品品类、消费者等相关信息也将在供应链范围内实现共享。与此同时，企业将建设云计算体系。企业依托可视化信息平台，能够根据自身业务发展需求制订相对应的战略计划，促进供应端与需求端之间的对接，在降低库存的同时不断完善自身的服务体系。

◆ 供应链人工智能化

新零售业态在日常经营过程中会产生多样化的应用场景数据，具体如商品数据、市场数据、库存数据、消费者数据等，根据业务发展需求及具体的场景，包括市场需求预测、商品价格制定、品类管理、营销活动、商品供应、库存管理、不同门店之间的资源调度及分享、物流规划等，结合相应的算法，就能运用数字模型对各个场景进行科学的分析。如此一来，企业就能在收集数据、分析数据的基础上，进行数字建模，对市场变化趋势进行把握，为自身的决策制定提供参考。

对新零售时代的供应链运营来说，人工智能的应用模型分为两种：预测模型与决策模型。

其中，前者是在掌握海量数据的前提下，通过构建统计模型，结合相应的算法，推测市场需求状况的发展变化趋势；后者是利用科学的算法及运筹模型，根据企业发展需求及具体场景，为企业的决策制定提供有效参考。

从根本上来说，预测功能是人工智能的价值体现，预测本身并不是运用这项技术的目的，而是为了给企业的决策制定提供参考，减少企业因缺乏经验而产生的决策失误。

◆ 供应链指挥智慧化

在零售企业的运营及发展过程中，运营指挥控制系统发挥着核心驱动作用，为此，企业应对自身的业务进行分类，并建立不同类别的运营指挥系统。不同业务类别对应着不同的功能，为企业提供其日常经营过程中产生的各项数据，包括产品供应情况、销售情况、退货情况、订单完成进度、库存周转情况等，并促进不同环节之间的配合与连接，运用合适的数学模型进行数据分析，在综合考虑多项因素的基础上为企业的决策制定提供精准的参考信息，帮助企业优化选品，合理定价，提前预测，及时供货。

在新零售时代，企业将不断扩大决策自动化的品类适用范围。如此一来，供应链管理者只需获取数据信息、确定市场需求、与目标用户展开互动、整合内部资源、促进企业改革创新即可。

◎ 零售企业供应链的转型路径

新零售时代的消费内容与之前存在明显的差异，在这样的大环境下，企业在构建新供应链的过程中要做到以下几点：

◆ 商业内容体系的重构

第一步应该对商业内容体系进行准确定位。在此基础上，才能明确供应链的定位。目前，市场上涌现出许多专业店并呈现出迅猛发展趋势，体现出新零售的发展之快及其专业化水平的提高。

接下来要实现不同运营体系之间的对接。在零售行业中，供应链的运营会随商品的变化而改变，生鲜产品的运营则对企业提出了更高的要求。现阶段，很多企业在采购、产品生产、市场运营等环节都已经发生了变化，却仍然固守传统的运营思维及管理模式。

提起供应链，传统模式下更多地集中于企业对源头的建设；现如今，新供应链的内涵已经大大拓宽，将资本、技术、数字化等都包含在内。企业除了发挥内部资源力量之外，还可以与第三方合作，建立多方协作网络系统。

◆ 数字化改造

未来，零售业及供应链都要向数字化方向发展。所有企业都想提高竞争力，但其发展会受到多方面因素的限制。

零售企业在与供应商进行合作的过程中，为了获取通道利益，通常会给供应商提供有限的数据信息；另外，生产企业需要经历许多中间环节，才能与市场终端完成财务、库存、物流等方面的对接，在这个过程中会遇到许多阻力。所以说，企业在向智慧零售转型的过程中，需要突破传统思维的束缚，并克服诸多方面的阻力才能实现。

目前的零售业尚未形成各个环节之间连接顺畅的一体化运营模式。在后续发展过程中，企业需要进行数字化改造。在进行源头采购的过程中，企业应该优先选择与已经完成数字化改造的供应商进行合作，对于那些停留在传统运营模式下的供应商，要利用数字化技术对两者之间的合作过程进行管理，提高企业在生产、制造、物流、存储、营销等各个环节的信息透明度。

企业要构建新供应链，就要实施数字化改造，要突破传统思维的束缚，根据新时代的发展需求进行内容、技术等方面的改革，积极运用网络技术、人工智能技术、大数据、云计算、物联网技术等，不断完善供应链体系，弥补传统供应链存在的不足。

◆ 新发展模式的实施

新发展模式的诞生及实施有赖于各方参与及推动，具体如平台型企业的实施、资本市场的支持、相关法律政策的保障等。

现阶段，不少企业对新零售和新供应链的认知比较有限，对业务协同、全渠道运营、商业整合、数字化升级的了解也不多。在今后的发展过程中，企业会利用先进的技术手段提升整体运营效率，并带动整个行业的变革，在此期间，供应链体系也将发生相应的变化。

在进行供应链改革的过程中，企业要获取数据资源、引进技术设备、进行标准化建设、开展各项运营，这些环节都需要企业提供足够的资金。在具体实施过程中，很多企业都面临着业绩难以提升的问题，运营成本也居高不下。

企业在构建新供应链的过程中面临如下问题：思维模式陈旧、人才短板、理论多于实践等。目前只能对新供应链的总体发展方向进行推测，要想深入剖析"人、货、场"之间的关系，就要发动多方力量进行全方位的研究。

企业在向新零售发展的过程中，必须对传统供应链体系进行改革。若企业的变革仅限于产品包装、门店装修等浅层次上，则只能在短期内获得成效。立足于长远发展角度来分析，企业应该进行全方位的数字化改造，进行模式创新，丰富营销内容，通过构建新供应链，不断向新零售方向靠近。

◎ 我国智慧供应链的发展趋势

在消费升级驱动下，我们开始迎来以用户为中心、重视消费体验的新零售时代。新零售模式强调供给与需求实现精准对接，为此需要打造智慧供应链。移动互联网、物联网、大数据、云计算等新一代信息技术的快速发展，为打造高效、精准的智慧供应链体系奠定了坚实基础。

在开放、共享的移动互联网时代，越来越多的供应链上下游企业开始通过共享数据、设备、人力等资源，积极打造智慧供应链体系。但从实际发展情况来看，我国供应链仍处于发展初期，效率低下、信息化建设滞后、标准化体系缺失等痛点，在造成供应链成本高企的同时，给智慧供应链建设带来了诸多困扰。

以物流环节为例，物流各环节信息不对称、标准化水平较低等，导致物流成本高昂。据统计数据显示，2017年，我国社会物流总费用12.1万亿元，与GDP的比率从2016年的14.9%降低至14.6%，虽然整体向好，但想要达到美国、德国等物流强国8%~9%的平均水平，还有很长的一段路要走。

2017年8月，商务部、财政部联合发布《关于开展供应链体系建设工作的通知》，将上海、重庆、天津、成都等17个城市作为供应链体系建设试点城市，在供应链平台、产品溯源、物流标准化等诸多方面提供大力支持，提高供应链运行效率，降低成本。

2017年10月，国务院公布了首个创新发展供应链的纲领性指导文件——《关于积极推进供应链创新与应用的指导意见》，该文件强调，预计到 2020 年，我国将打造 100 家左右的全球供应链领先企业，钢铁、汽车等重点产业的供应链将具备强大的国际竞争力。在政府的积极扶持引导下，未来我国智慧供应链建设进程将进一步加快，供应链发展将会展现出以下四大趋势：

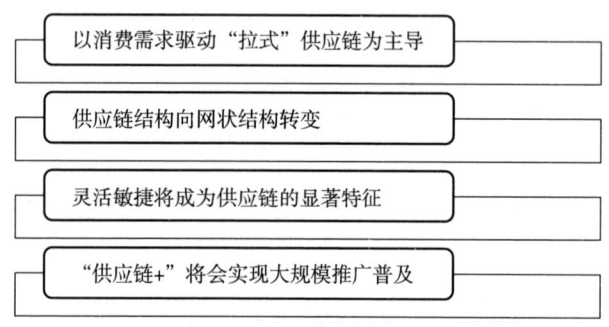

图 2-2　我国智慧供应链的发展趋势

◆ **以消费需求驱动"拉式"供应链为主导**

满足消费需求是组织开展供应链活动的基础和前提，而在消费升级背景下，柔性生产、个性定制、特色设计成为企业的必然选择。

产业链上游制造商必须转变思维模式，从远离消费者的闭门造车转变为主动向产业链下游延伸拓展，全方位、立体化、多角度地感知用户需求。同时，在大数据等新技术与新物流模式的加持下，"拉式"供应链在满足消费者高效低成本获取商品的基本需求的同时，还将通过优质服务来满足消费者更高层次的情感与精神需求。

◆ **供应链结构向网状结构转变**

在个性化需求大量涌现，数据规模愈发庞大，数据结构愈发复杂的局面下，建立网状结构的智慧供应链，可以充分发挥网状结构的灵活性及高效率优势，赋予供应链动态调整能力，提高供应链响应及时性。在网状结构的智慧供应链中，同一个企业可能属于多个供应链，而纵横交错的供应链网络，使其管理难度显著提升，想要解决这一问题，需要借助信息化及智能化技术对供应链管理体系进行优化改造，大幅度提升供应链运行效率，为供应链体系的持续稳定运行奠定坚实基础。

◆ **灵活敏捷将成为供应链的显著特征**

移动互联网时代，人们的购物消费呈现出强烈的移动化、碎片化、个性化特征，而打造灵活敏捷的供应链有助于充分满足用户需求，使企业能够快速感知市场动态，并高效整合优质资源进行研发、生产、配送、补货、供货等，有效解决传统供应链模式造成的库存积压、成本高企问题。

◆ **"供应链+"将会实现大规模推广普及**

智慧供应链将不再局限于传统意义上的采购、生产、仓储、配送及售后，其产业链的深度及广度将会得到极大的拓展，同时借助大数据、物联网等新一代信息技术，实现集成化供应链管理。同时，智慧供应链将会和物流、制造、金融、服务、信息、农业等产业高效协同联动，服务制造强国等重大国家级战略，促使中国企业从全球产业价值链低端环节迈向中高端环节。

2.2 我国物流企业的供应链转型升级路径

◎ 组织重构：促进供应链优化

在新的时代背景下，人们的需求层次逐步提高，越来越注重消费体验。因此，新零售要通过改革传统零售方式满足人们的体验需求，提供符合消费者需求层次的产品或服务。

波士顿咨询的调查结果表明，2010 年富裕人群占上层中产的比重达 7%，2015 年增加到 17%，2020 年将接近 30%。届时，中国的中产阶层将达到 7 亿人。伴随着总体环境的发展，人们的需求层次也会提高；与此同时，消费渠道将由集中走向分散，消费场景由单一走向多元，消费需求由大众化走向个性化。作为一种内需，消费需求是整体经济发展的重要推动力，为刺激内需，我国实施了供给侧改革，目的是促进产业链各个环节之间的协同发展，通过实施供给侧改革，促进经济结构的完善。

供给侧生产供应链的形态能够提升企业的服务效率。在改革过程中，最重要的是围绕用户需求，借助先进的数字技术，改革传统的资源配置方式，从而提高服务水平，满足用户的体验需求，并达到节约成本的目的。要注重挖掘用户的内在需求，采用定制化方式为用户提供针对性的产品和服务，实施精细化运营，在恰当的时机提供服务。在此期间，要敏锐洞察目标用户的消费需求，对市场需求变化的趋势进行科学分析，做好供应链规划工作，提供相关物料及足够的资金支持等。

用户需求分为两种：显性需求与隐形需求。在消费升级时代，消费者的显性需求层次不断提高，很多隐形需求正逐渐转变成显性需求。在这种大趋势下，企业需对原有的产品、渠道乃至品牌进行改造升级，要使价值创造符合价值需求，积极改革原有的组织结构，以提高自身对外部环境变化的应对能力。

企业进行组织改革的目的是加速整体运营并提高自身效益。面对迅速变化的市场需求，企业要提高内部组织的灵活性，为此，要注重以下几点：

（1）能够根据用户需求为其提供富有价值的产品；

（2）敏锐感知市场需求的变化；

（3）加强内部各个部门之间、企业与外部环境之间的沟通；

（4）切实执行企业战略，落实企业制定的发展规划。

企业进行组织改革之后，就能提高整体的运营效率，促进供应链的优化升级，为合作方及商家创造更多价值。通过进行组织重构，企业能够用网状结构代替传统的结构模式，更加快速、准确地获知市场变化，促进企业与外部环境的交流。以阿里巴巴为例，企业除了改革内部组织外，还十分注重加强供应商、渠道商、物流商等之间的沟通互动，进一步促进阿里生态系统的平稳运行。

企业可根据自身发展需求及具体情况，选择建设小组制组织、利润中心制组织或社群形态的组织。小组制组织能够满足用户多元化的价值需求，体现产品的差异性与独特性；利润中心制组织将利润放在核心地位，企业会划分各个部门的职能，为增加企业的利润所得共同努力；产品型社群的打造及运营能够调动用户的参与，促进企业与用户之间的接触，对用户需求进行准确把握，在此基础上为消费者提供相对应的产品。

◎ 产品升级：企业平台化转型

很多企业需通过产品来满足消费者的需求，从产品形态的角度来分析，产品升级需要经过四个时期：最初是比较基础的功能性产品，然后是具备情感价值的专业性产品，之后过渡到创新型产品，最后是个性化定制产品。为了满足消费者升级变化的需求，企业需相应地进行产品升级与优化。目前，多数消费者的消费层次已经达到了第二个阶段，也就是具备情感价值的专业性产品，希望自己能够获得优质的体验服务。

为此，企业要注重产品管理，通过强化产品在生产环节、供应环节、存储环节、物流运输等环节的管理，进一步提高产品等级，使其更符合消费者的需求。具体而言，在生产过程中，企业可打造数据平台与信息服务平台，拉近企业与用户之间的距离，依靠丰富的数据信息分析用户的内在需求，据此制订产品生产计划，运用先进技术手段加速企业的整体运转，更好地对接市场需求；在产品供应过程中，根据市场需求信息，优化现有的供应关系；在产品存储与物流运输方面，进行信息化、数字化建设，促进各个流通环节之间的信息共享，缩短产品配送时间，降低企业的库存压力。

在新零售环境下，企业要想在激烈的市场竞争中立足，就要根据自身的实力基础，选择转型为生态平台或融入生态平台中。其中，实力型企业通常选择前者，后者则适合中小企业。

生态平台能够促进供给端与需求端之间的对接，平台应该提前确立企业在加入、对接、服务等环节中需要遵循的原则，拓展增值服务，体现生态平台的价值；也可以建设互联网生态平台，在平台上集中进行产品开发、生产、营销，依托先进的技术手段和工具设备，对企业传统的供应、生产模式进行改革，促进企业与第三方之间的合作。在这个过程中，企业不妨采用外包方式，将自己不擅长的业务或者非核心业务交给合作伙伴来完成，集中精力发展自身的核心业务。

在企业进行需求与供给管理的过程中，要注重对供给者、生产者、需求者、服务提供者之间的价值关系的处理。生态打造及运营能够帮助企业促进不同参与者之间的价值平衡。具体来说，企业怎样进行生态打造及运营呢？

◆ 全渠道收集需求信息，提高产品匹配度

连接及融合是生态化运作的重点，从这个角度来说，实现线上、线下对接的全渠道运营也属于生态运营的范畴。在实施过程中，企业能够借助移动互联网工具，通过网络渠道开展营销活动，收集目标用户的需求信息，据此提供相对应的产品和服务，进行全渠道铺货，利用数据技术和智能技术提高营销针对性。未来，企业在实施单品战略的过程中将更多地采用这种方式开展运营。

◆ 全品类产品的提供

在这方面，企业需打造 B2B 网络平台，为消费者提供符合其需求的全品类产品。平台企业要对目标消费群体的核心需求进行准确定位，在此基础上建设服务平台聚集用户，对不同渠道的资源进行整合，在进行数据分析与处理的基础上，对传统供应流程进行调整与优化，省去传统模式下产业价值链条的层层中间环节，加速整体运转，实现成本节约。与此同时，企业还可以加强与第三方的合作关系，采用资源共享方式实现共赢。举例来说，不同品类的商品可以相互搭配，共同推出，满足消费者的多元化需求。

身处新零售时代的企业，能够依托互联网平台的优势，促进"人、场、货"之间的匹配与连接，利用大数据、人工智能等先进技术手段对企业的商品信息展示、网上交易、产品存储、数据收集、研发生产等环节进行改革，通过构建企业生态平台，促进不同业务之间的协同发展。

模式创新：整合供应链管理

立足于供应链层面来分析，以往，零售企业采用的是多级分销体系，新零售是对这种传统模式的彻底变革。而供应链物流要想适应新零售时代企业的发展需求，就要做到以下几点：

- 物流要拉近与终端消费者之间的距离。
- 要尽量减少库存。
- 要进一步提高物流整体的响应能力。

传统模式下，品牌企业通过实施规模化经营，能够有效控制运输成本，并同时与多个零售商、供货商达成合作关系，形成自己的合作网络。但在这种价值链模式下，无论是物流运输、零售运营，还是商品采购都不是企业自己完成的，而品牌商与消费者之间的接触并不多，难以快速洞悉市场需求的变化。

另外，因为与品牌商合作的第三方能力有高有低，企业无法对交付环节实施有效的监管，而信息流通不畅，具体如货物流向不确定、渠道库存信息流通迟滞等问题，都会导致品牌企业难以制定准确的决策，无法实现业绩的提升。

随着新零售时代的到来，企业开始对传统运营模式实施改革，聚焦于设计业务的发展，能够打通供应商与终端消费者之间的通路，跨越中间的多个环节，实现物流直达。在这种情况下，企业对物流的诉求也呈现出新的特点。

目前，国内企业对于销售渠道的整合还比较有限，但部分品牌企业已经在着手整合下游的供应链，以期通过这种方式提高供应链的信息开放程度与服务质量。传统模式下，企业的产品需经过多个层级的经销商配备的物流体系流向终端消费市场；如今，已经有部分企业通过设立区域集中配送中心，对传统供应链物流运营模式进行改革。在新的模式下，经销商仍负责配送中心的库存管理，能够有效精简流通环节，优化对虚拟库存的管理，打通集中配送中心与零售终端之间的通道，同时加快信息流通。

传统模式下，企业多采用 B2B 模式开展运营，无论是库存管理还是物流相关的供应链管理都是静态的，不同库存之间、不同运输线路之间相互独立。如今，企业开始在 B2C 领域进行业务拓展，在后续发展过程中，企业将逐渐打破不同库存、运输线路之间的隔绝状态。

一般来说，实施静态管理模式的企业，运输单线货运规模比较大，货量变化较小，能够提前进行准确预测；采用固定的路线规划及库存管理模式，各个分拨中心在管理方面各自为政，缺乏协同性，企业会将运输管理与库存管理工作交给不同的第三方物流企业来承担。

采用 B2C 模式开展运营的企业则需采用动态调配模式。在这种模式下，运输单线的货运规模较小，订单量无法提前预测；在库存与路线规划方面要改变之前的静态管理模式，促进不同分拨中心之间的协同运营，将物流运输与库存管理结合起来，在不同分拨中心之间进行资源调度。

◎ 数据驱动：实现数字化变革

现如今，企业端对物流行业的发展提出了新的要求，在市场需求的驱动作用下，第三方贸易和供应链物流平台诞生。平台可借助供应链资源及海量的数据信息，满足中小零售企业对物流服务的需求，与消费者直接进行交易，并减少库存积压。在收集海量数据信息的基础上，平台能够对消费者的需求进行准确把握，据此制订合理的采购计划，规划物流配送，省掉层层的中间商及分销环节。除了进行库存管理，帮助企业解决供货问题之外，贸易平台还能够记录企业运营过程中产生的交易数据，并且推动企业在网络渠道的营销。

对生产企业来说，经由平台将产品推向市场，能够加速商品的流转，避免市场上出现假冒伪劣产品。与此同时，平台能够强化对商品运输过程的控制，并为更多地区的消费者提供物流配送服务，解决终端配送问题。对零售商来说，在其制定营销方案、开展营销活动期间，平台能够帮助企业设计海报，提供相关素材，发挥聚流作用，帮助企业选用合适的陈列方式，并为零售选品、推广提供参考。

在第三方贸易和供应链物流平台迅速发展的同时，第三方综合物流平台也将崛起在市场上，相较之下，这类平台的服务范围更广，将依托数据和服务满足企业的物流需求，促进企业与消费者之间的直接接触，帮助企业减轻库存压力。

在新零售时代，越来越多的行业建成了数据驱动的供应链，如果供应链各个环节的数据能够顺畅流通，就能将需求预测、生产计划制订、营销等各个环节串联起来，努力达到供给与需求之间的均衡状态，实施高效的库存管理，促使不同环节根据市场需求进行合理的库存调度，提高库存管理信息的开放程度，最终将库存降为零。

◆ 生产制造环节的数字化

美国的摩托车制造商哈雷戴维森推出的定制化方案达到上千种，但在传统的生产制造模式下，产品定制的难度较大，耗费时间过长，因为产品个体之间存在明显的差异，装配人员无法按照统一流程开展工作，速度非常慢。为解决这个问题，哈雷戴维森开始对传统的生产制造模式进行改革，依托数字化技术实施智能化生产。

哈雷戴维森用数字化、网络化的全新制造工艺代替了传统的生产流程，大大提高了企业对个性化需求的反应能力，能够及时对相关设备进行调整；通过在生产环节进行网络化改造，既可根据消费者的个性化需求推出针对性的方案，又能提高产品的生产制造速度。另外，改造后的工厂能够完成定制化生产，这使得哈雷戴维森在同类企业中占据绝对优势地位，在原有基础上进一步扩大了市场份额。

哈雷戴维森通过对生产制造环节进行数字化、智能化升级，从整体上提高了运营效率：

（1）大大缩短了企业的生产周期。传统模式下，定制化产品的生产时间超过20天；如今，这个时间已经缩短至6小时。

（2）企业产能明显提升。以一小时为单位，摩托车的产量提高了15%，生产每辆摩托车所需的时间缩短了11%。

（3）企业固定资产的生产率明显提升。工厂布局更加集中、统一，原本位于40多栋建筑中的生产场地，集中到了2栋建筑中，能够实施更加高效的管理，分工也更加明确。

（4）企业的人力资源成本大大降低。临时工减少了60%，合同工减少了50%，内部人才更加稳定，有利于企业的整体发展。

◆ 面向未来的数字化供应链

以往，企业供应链不同环节之间是相互独立的，借助数字技术和物联网技术，生产企业逐渐建立起动态供应链系统，并突出了自身的独特优势。利用数字化供应链，企业能够与竞争对手在服务或整体运营效率方面展开较量，对供应链上的各个环节进行优化。

在建设并运营数字供应网络的过程中，企业需参考所属领域的特性及自身的具体情况，明确数字化建设的主题与方向。要保持数字化网络的正常运营，实现"永远在线"，对供应链运行过程中产生的信息数据进行实时处理与分析。

表2-1 数字化供应链与战略决策

DSN特征	描述
"永远在线"	随着从实体世界到数字世界的持续流动的信息不断地驱动行为和决策，数字供应链网络永远不会睡着——他们"永远在线"，具备自适应的决策和变化能力
互联社区	超越传统障碍，实现与供应商、生态系统合作伙伴和客户的外部协作，实现资产共享和大量数据共享
数据驱动智能	将可视化、优化、预测和人工智能纳入日常运营流程，以改进决策，并持续优化和发展供应链
端对端透明度	传感器和基于位置的服务可立即查看供应链网络的每个角落，从而允许从源头到客户跟踪产品。这种透明度提供了监控货物、动态路由、降低运输成本的能力
整体决策	职能孤岛和实体之间的实时数据和信息的透明度，使得数字供应链网络可以作为整体网络优化性能，而不是作为每个单独的职能或实体

运用数字化供应链，企业能够有效促进各个职能部门之间的沟通，实现数据资源分享，提高信息开放程度，提高整个数字化供应链的性能，进而推动整体的发展。

2.3 基于数字化的供应链协同管理与优化

◎ 供应链协同的内涵及其分类

近来,随着惠普、戴尔等企业在供应链管理方面取得一系列成就,供应链管理再次引起了各行各业的关注,甚至被视为提升企业核心竞争力的重要方法。随着管理理念的更新,企业逐渐认识到一点,相较于降低成本来说,提高顾客满意度更重要。要实现这一目标,企业必须建立供应链协同,提升供应链的竞争力,满足顾客需求。

◆ 从决策时间与范围分类

供应链协同可以划分为不同的类型。从决策时间与决策范围切入,可将供应链协同相关的研究划分为三层,分别是战略层、战术层、操作层。

★ 战略层

战略层属于最高级别的供应链协同研究,该层次的研究主要是以概念模型与协同管理思想为依据,从战略层面对供应链协同进行研究。

★ 战术层

战术层研究是供应链协同研究的中心课题,主要内容是对供应链企业间的协同策略进行研究,是把握供应链协同运作的重要环节。

★操作层

操作层研究是供应链协同实现的基础,对供应链同步运作需要的信息技术做了充分研究。对于供应链协同的实现来说,信息协同发挥着至关重要的作用。

◆从内容和运作流程分类

从内容和运作流程方面切入,可将供应链协同划分为物流协同、供应链关系协同、信息共享协同、供应链网链结构规划与参数优化协同。

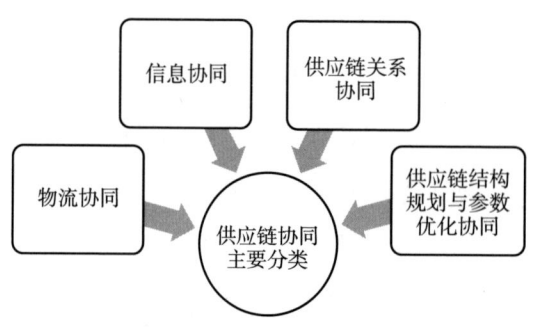

图2-3 供应链协同主要分类

★ 物流协同

物流协同包含了生产过程协同、产品类型与产量分配协同、库存优化协同、配送协同、补货协同等。

★ 信息协同

信息协同包含了工作流协同建模、跨组织信息系统设计与信息共享、客户需求协同预测等。

★ 供应链关系协同

供应链关系协同包含了激励和保障机制、合作与信任机制、契约机制、渠道收益的分配机制、风险分担机制等。

★ 供应链结构规划与参数优化协同

供应链结构规划与参数优化协同包含了供应链成员选择、供应链拓扑结构选择与构建、成员设施选址、最优销售价格、订货策略等。

◎ 供应链协同优势与影响因素

◆ 供应链协同的优势

供应链协同是为了通过对供应链资源进行整合而缩短响应顾客需求的时间，提升服务水平与质量，让顾客更加满意，从而增强企业及供应链的整体竞争力，降低企业及供应链的运行成本，提升企业及供应链的利润。具体来看，供应链协同的优势大致包括以下几个方面：

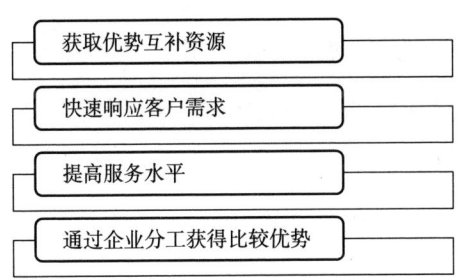

图 2-4 供应链协同的优势

（1）获取优势互补资源

汇聚企业优势资源不是供应链企业合作的最重要的优势，将企业间具有互补性的资源汇聚在一起，让它们产生协同效应，产生"1+1>2"的效果才是。获取优势互补资源能增强供应链企业的市场竞争力，这种效益非企业合作不可得。

(2) 快速响应客户需求

在经济迅猛发展、消费不断升级的市场环境下，客户需求越来越多元化，对单一产品及服务的忠诚度越来越低。客户不仅对产品的性价比提出了较高的要求，还要求服务完善，产品与服务具有个性化特征，能及时满足客户需求等。为此，企业要想更好地满足客户需求，提升客户满意度，与客户建立稳定且持久的关系，就必须加快响应速度，即时响应客户需求。

(3) 提高服务水平

建立供应链协同之后，供应链各节点企业可对原材料采购、产品生产、产品运输等环节进行有效跟踪、控制，对整个供应链计划进行科学调整，以降低运作成本，获取市场价格优势，使供应链服务质量得到有效提升。通过对各企业的优势进行整合，供应链企业能以更低的成本、更快的速度为顾客提供比竞争对手更优质的服务。

(4) 通过企业分工获得比较优势

面对激烈的市场竞争，因为资源有限，所以企业不可能自行经营所有业务，只能将为数不多的核心业务掌握在手中，集中企业的优势资源推动其发展。另外，企业可以通过专业化分工在某些方面获取竞争优势，利用外部资源满足其他方面的需求，通过多渠道发展避开市场竞争。当然，达成合作的各企业之间也可以实现协同发展。

◆ 供应链协同的影响因素

供应链系统比较复杂，系统内的企业都保持着独立运作，有自己的运作目标和价值取向，相较于整体利益来说更关注个人利益，与整个供应链的发展目标相背离。根据相关研究，有以下几个要素会对供应链协同造成影响：

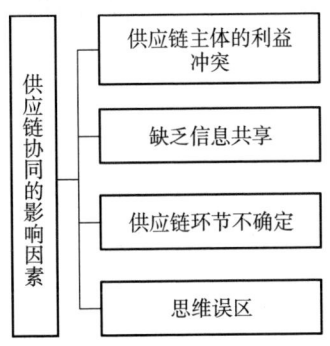

图 2-5　供应链协同的影响因素

（1）供应链主体的利益冲突

在影响供应链协同的各种因素中，利益是最重要的一个因素，已达成合作关系的企业因利益冲突导致合作破裂之事时有发生。具体到供应链来说，只有在供应链上各企业的利益达成一致，且整体利益大于个人利益的情况下，供应链协同才能实现。如果各供应链企业没有共赢意识，供应链协同就无法实现，自然也无法取得供应链协同效益。

（2）缺乏信息共享

对于供应链协同来说，信息共享是关键影响因素。在现有的供应链模式下，供应商只能获得下游企业的订货信息，对于销售、库存等信息一无所知，也经常因信息不对称诱发"牛鞭效应"，导致上游企业无法对市场做出全面了解，难以对生产经营活动进行有效组织，从而导致资源浪费，成本增加。只有实现信息共享，位于供应链上游的企业才能对市场发展动向做出精准把握，对库存进行科学管理，进而降低供应链运行成本。

（3）供应链环节不确定

因为客户需求、供应链环节运作实时改变，所以供应链各个环节都具有不确定性。再加上供应链设计、信息夸大等因素的影响，供应链协同更难实现。同时，一条供应链往往涉及多家企业，每家企业都经营着多项业务，每项业务又有多个环节。所有的供应链活动都需要供应链上的企业协作完成，所有的企业都有权利对自己的业务、资源进行处置，所以，整个供应链活动都处在实时变化状态，使整个供应链协同过程变得愈发不确定。

（4）思维误区

现如今，几乎所有的企业都存在思想误区，认为信息是对供应链协同产生影响的关键因素，于是投入巨额资金从国外引进先进设备，盲目追求先进的信息技术，但基本上都没有取得预期的成果。事实上，对于供应链协同来说，信息技术只是一种工具，拥有先进的信息技术未必能实现供应链协同。所以，要想真正实现供应链协同，就必须对影响供应链协同的各个因素的尺度进行有效把握。

◎ 物流服务供应链的协同模式

采用协同运作模式的开放式供应链系统，其各个组成部分之间会相互影响，并以整体形式创造出一定的价值，也就是通常所说的"集体效应"这种价值产生方式符合"1+1>2"的规律，即整体效应大于各个部分相加的总和。值得关注的是，物流供应链协同效应不只发生在生产分销、货品供应环节，还包含了生产厂家、分销商、供应商之间的交易互动关系。

在物流服务供应链协同运作过程中，系统内部的客户、商家，在彼此交易及互动过程中会产生多样化的协同运作关系，这决定了系统的各个运营方式也呈现出不同的特点。对这些形态各异的协同关系进行对比分析能够发现，目前国内物流服务供应链协同运作模式主要包括三种：点链式协同运作、线链式协同运作、全链式协同运作。

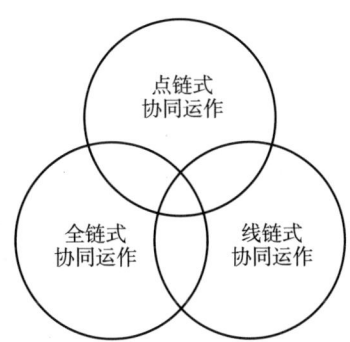

图 2-6　物流服务供应链协同运作模式

◆ **点链式协同运作**

现阶段，国内物流供应链系统中，不同成员间进行的浅层次协同运作即为点链式协同运作。虽然这些成员积极寻求彼此之间的合作，但各个成员从自身角度出发考虑问题，追求其最高利润的实现，难免会出现企业利用信息不对称，谋求自身利润最大化的情况。在具体运营过程中，可聚焦于自身核心业务的发展，实施专业化服务模式，并与集成商家达成合作关系，将非核心业务交给合作方来完成，进而更好地满足客户的需求，促使客户、集成商都实现自身的利益目标。在这个过程中，集成商要想获取更多资源，就要通过多元化渠道为客户提供更加优质的服务；并联手功能商，在服务于客户的同时，尽可能地扩大双方的利润空间。在点链式协同运作模式下，客户、功能商之间为双重委托代理关系。

◆ **线链式协同运作**

物流供应链系统中，不同成员之间展开的较高层次的协同运作即为线链式协同运作。在这种模式下，各个成员之间的独立性依然较强，在产生某种特殊需求时，成员个体会从集体角度出发考虑问题。线链式协同运作关系中，成员个体对供应链总体发展的关注度比较有限，会积极提升自身运营的规范化程度。

从细分角度来说，线链式协同运作又包括两种：集成商与客户联盟，集成商与功能商联盟。在集成商与功能商协同运作的关系中，其内部节点能够促使客户制定未来的经济利益获取目标，如此一来，集成商与供应商就能获得进取动力，致力于提高供应主体的利润所得。以往，客户与主体之间存在的是委托代理关系，在该模式实施过程中，两者之间将体现为合作联盟关系。

◆ 全链式协同运作

全链式协同运作是物流链系统中成员之间的高层次协作。各个成员的信息开放程度比较高，所以不同成员之间能够在合理范围内实现信息共享，并共同设置专业的决策团队，用于提高物流决策的科学性与准确性。在具体运营过程中，要优先考虑物流供应的利润获取问题，并根据自身发展需求采取针对性的策略，同时考虑供应链的长期发展。另外，在全链式协同运作模式下，要从宏观角度出发，充分发挥先进技术手段的作用，从整体上提高供应链管理及控制能力。

◎ **物流服务供应链的协同机理**

和独立作业相比，处于协同运作机制下的开放式供应链系统中的结构单元价值创造能力将显著提升。物流服务供应链协同运作的影响并不限于简单的生产分销、货物供应等，生产商、供应商、分销商、零售商及物流服务商等产业链上下游主体都将获得更多的收益。

由于物流产业链参与主体的多元化，导致物流供应链协同运作体系将会催生多种类型的协同运作关系及流程。从不同节点参与主体的协同关系状态角度，我们可以将我国物流服务供应链协同运作过程分为以下几种：

◆ **点链式协同运作**

这是一种物流供应链中各节点参与主体的低层次协同运作模式，各参与主体虽然想要实现合作共赢，但为了达成盈利目的，专注于自身的利益最大化，机会主义大行其道，无法为合作伙伴提供必要的数据、人才等资源支持。

这种模式的逻辑在于企业将自身的资源与精力集中到核心业务领域，给客户提供最优质的服务；将非核心业务外包给第三方企业，而第三方企业通常会与其他企业合作，共同为目标用户提供服务。

◆ **线链式协同运作**

这是一种物流供应链中各节点参与主体的中层次协调运作关系，各参与主体虽然也重视自身的利益，但在部分场景中会为了整体长期利益牺牲自身短期利益。不过，它们在供应链整体效率与质量优化方面还存在较大的提升空间，更多的是针对局部环节提出较为严格的标准。

◆ **全链式协同运作**

这是一种物流供应链中各节点参与主体的高层次协调运作关系，各参与主体坚持共创共建、共赢共享原则，能够做到数据、人才、技术、资金等资源的高度共享，甚至组建专业团队统一制定物流服务管理决策。物流供应链整体利益最大化是首要目标，尊重各参与主体的差异化利益诉求，可以为了物流供应链的长期稳定发展，牺牲局部利益。

◎ 物流服务供应链的协同策略

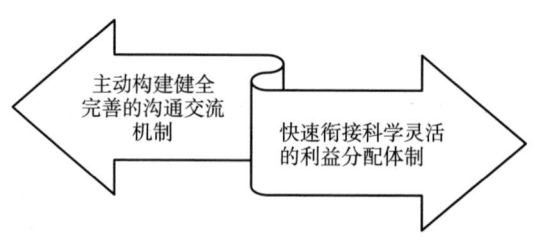

图2-7 物流服务供应链的协同策略

◆ 主动构建健全完善的沟通交流机制

企业充分发挥优势技术的力量，打造物流供应链交互运作系统，保证系统内知识流、信息流的畅通，提高整个沟通环境的开放程度，便于系统内各个环节之间进行高效沟通，构建健全完善的沟通交流机制。在此基础上，物流供应链各个节点的企业就能获得更多的运营指导，解决传统模式下不同企业之间信息不对称的问题，并促进企业之间的沟通互动，减少后期的盲目决策。在具体实施过程中，应该着眼于细节，注重以下几个方面：

（1）打造交流基础性平台，服务于企业之间的沟通交流。

（2）不断扩大信息共享的范围，实现深层次的沟通交流。

（3）促进各个节点之间的经验交流，为供应链运营提供指导。

（4）倡导不同企业在文化层面的沟通互动。

◆ 快速衔接科学灵活的利益分配体制

从长远发展角度来分析，物流企业应该从各个方面谋求自身利益，才能长久地立足于市场上。从本质上来说，各个经济利益参与者以特定方式对其他参与者产生影响,即为利益机制的体现。利益分配方式的作用就在于,能够对各个利益主体之间的利益关系进行协调,并促进其利益的实现。在现代物流供应链系统中,各个节点之间存在一定的利益关联是很正常的,要想促进整个供应链体系的发展,就应该协调好不同节点之间的利益关系。现阶段,虽然国内物流供应链非常重视整体发展,但各个节点上的企业仍然习惯于谋求自身利益,而其价值取向、利益诉求之间都存在明显的区别。为了让局部发展方向与整体发展方向保持一致,应该做出如下几个方面的努力:

(1) 进行利益制衡管理

设定相应的制衡机制,对供应链系统内各个成员间的利益关系进行管控与制衡。

(2) 制定并实施灵活的利益分配机制

由于协同运作方式能够提高整个供应链的盈利能力和服务质量,其应用范围不断拓宽。但如果供应链运营所获利润得不到科学有效的分配,在其后续发展过程中则会挫伤企业参与合作的积极性,甚至有可能引发成员之间的矛盾和冲突,对整体发展产生不利影响。针对这个问题,有必要制定合理的利益分配机制,提高利益分配的效率及其公平性。

(3) 建立人性化利益补充机制

在实施协同运作的物流供应链体系中,客户想要实现自身利润的最大化,且无须考虑物流服务工序流程方面的问题。因此,要采取适当的发展措施,为客户提供相关的利益保障,并在此基础上提高供给方的利润所得,制定并实施人性化利益补充机制,处理好企业与供给方之间的利益关系。

总体来说，在现代化供应链系统中，企业之间、企业与客户之间都存在协同关系，不同的关系处理方式会对最终的协同效应产生不同的影响。在具体运作过程中，应该充分发挥优势技术的力量，对物流供应链包含的各类协同关系进行优化，致力于实现各个参与主体的最大化利益。

第 3 章
转型升级:技术驱动三段式物流变革

3.1 模式升级：新物流时代的智能化转型

◎ 新零售驱动的物流模式升级

伴随着商业领域的发展，实体商业与虚拟商业之间的界限逐渐模糊，在商业生态方面，也实现了供应链、物流、大数据、金融、场景体验等的结合发展。按照马云的说法，新零售将取代电商，在用户与产品研发之间搭建桥梁，改革原有的供应链体系，并提出全新的物流服务需求。

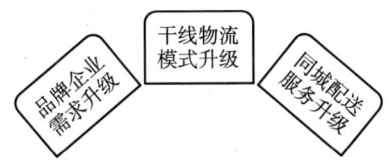

图 3-1 新零售驱动的物流模式升级

◆ 品牌企业需求升级

进入新零售时代后，品牌方实现了线上渠道与线下渠道的一体化运营，并据此提出了新的物流需求。一方面，在实施全渠道数字化运营的过程中，需提高物流体系的快速响应能力；另一方面，物流干线与门店融为一体的配送方式，促使品牌方更加注重对整个物流过程的管控。在物流配送的末端环节，品牌方越来越重视货物追踪，并致力于提高企业的信誉度，建立良好的品牌形象。

在新零售时代，很多企业实现了线上、线下一体化运营，品牌方对物流的反应速度及其运行的灵活性提出了更高要求，物流要完成多批次、少批量的配送任务。在市场需求的驱动作用下，不少物流企业采用O2O众包模式，实现了干线物流、门店集散配送与终端配送的结合发展。

◆ 干线物流模式升级

以往，渠道压货模式占据干线物流的主体，主要采用直发模式满足用户需求，有些快消品则通过末端库存补货来保证其正常供应。在新零售时代，干线物流能够将产品从工厂直接送往消费者所在地，给快速专线物流提供了良好的发展机遇。届时，零担运输将代替整车模式，大包裹将代替集约化的小包裹模式。

在生产环节，部分厂家实践了顾客对工厂（C2M）模式，通过主流干线将商品从厂家直接提供给终端消费者。在面向终端物流需求时，企业更多地采用大包裹、零担干线物流方式，满足消费者的商品需求。

在新零售时代，公路港能够发挥枢纽的作用，其功能集中体现为越库及物流整合。在后续发展过程中，公路港、空港都应该锁定消费者集散地，并将开发重点从一线城市转移到二三线城市。随着商业领域的发展，大部分产业链都不会选择在中转园区进行货品存储，因此存货型园区公路港的作用将十分有限。相较之下，一线城市的市场也很小。

◆ 同城配送服务升级

在新零售时代，物流配送的末端环节打通了物流和社区商业，这个环节的物流运作将产生以下变革：整合发展与升级转型。前者体现为"最后一公里"物流配送的整合；后者体现为由物流服务延伸出社区商业服务，如将微店商与微电商融为一体。

城市配送市场是快递企业应该重点开发的领域，如若不然，城市配送企业除了与干线物流结合发展之外，很难拓展其快递业务。城市配送企业的业务主要由两大部分构成：

（1）物流集散中心面向企业客户，具体如商圈门店、社区店、专业店等；

（2）集散中心面向消费者个人，这类业务与宅配、传统快递存在共性。

在快递和城市物流方面，新零售驱动的物流变革具有多样化特征。以往，城市物流快递主要通过快递员进行推广，采用人工分拣方式。新零售时代，城市物流通过获取海量的数据资源，能够实施精细化的用户管理，精确掌握用户的地理位置信息，节省分拣环节的时间成本，加快整体运转。对于城市物流，物流企业主要采用2B和2C两种模式：第一种模式是通过将干线物流与终端门店结合，配合O2O众包、快递柜，降低末端配送的成本；第二种模式会强化仓储管理、物流配送的自动化建设，充分发挥网络系统的作用，提高线下推广效果。

金融与数据是相伴相生的，要通过数据分析了解金融的价值，而数据资源就是为金融与商业的发展提供服务的。在新零售时代，物流行业发展的智能化水平不断提高，企业开始用云技术存储数据信息，数据资产成为物流企业竞争的焦点。传统模式下，企业的竞争力集中体现在物流资产上；如今，企业可通过融资租赁、众包方式获得物流资产。相较之下，数据资产更能体现其竞争实力。大数据将成为企业发展的主要驱动力，并促使物流企业的运营过程在各个方面产生变革。

◎ 借助技术实现智慧物流转型

新物流引进并应用了大数据、人工智能、云计算等先进技术手段，这些技术在该领域的深度应用，将促使物流行业向智能化方向转型升级，通过在各个环节进行数字化、智能化建设，提高整体运营的智能化水平。

物流包含的五大物理要素包括人、货、车、节点、线路。实体经济与虚拟经济要通过这五大要素走向融合，为此要发挥物流在两者之间的连接作用。除了这五大要素本身的价值外，其背后潜藏的信息流、资金流、经济关系等，以相互关联的网络化形式表现出来。在进行智慧化改造过程中，物流本身与潜藏的数据网络都能够发挥不可靠替代的作用。

◆ 在"人"方面

在对物流进行智慧化改造时，货运司机、分拣人员、园区运营者等，在传统模式下只能通过全球定位系统获取相关数据，如今则可通过智能移动终端收集多方面的用户信息。

◆ 在"货"方面

以往多使用条码技术，如今则可通过射频识别技术进行货物追踪，并进行高效的信息管理。举例来说，PRADA 在传统模式下主要依据服装销量判断其市场热度，将销量差的服装款式下架；如今，利用试品上装置的 RFID，品牌能够对该试品试穿次数与销量进行综合分析，调整那些试穿次数多、销量却不高的服装，有效促进其后期的销售。

◆ 在"车"方面

以往主要通过全球定位系统获取相关数据，如今则在运载货车上安装了传感器。部分物流企业构建了相应的数据服务平台，能够从传感器硬件设备和远程信息设备中收集相关数据，进而实现数据资源的整合利用，为物流供应商和客户随时查询货车的运输状态提供便利。

◆ 在"线路"方面

以往主要通过摄像头获取数据，如今则可利用传感器捕获集装箱、卡车、航空载具（ULD）的实时利用状态，据此分析这些交通工具的运力应用情况，从而制定最佳的运输线路。

◆ 在"节点"方面

现阶段的大型物流中心、物流园区主要在内部管理系统进行信息化建设；而不少小规模企业则另辟蹊径，采用SaaS（软件即服务）模式，通过使用网络软件，提高对自身经营活动的线上管理能力，并促进了系统内部的信息共享。

随着网络化、信息化的建设与发展，新物流也能够跟上数字化时代的步伐，促进企业当下的业务发展，实现资源的优化配置及整合利用，提高企业运行的规范化程度。

◎ 新物流时代的企业运营路径

传统模式下，实体商业与虚拟商业之间相互独立；未来，两者将实现结合发展，商业生态体系也将发生颠覆性的变化，促使物流行业改革传统思维，实现创新式发展。

马云在第六届中国电子商务与物流企业家年会上表示，未来，将线上、线下打通的新零售将以主流姿态出现在市场上，电子商务将不复存在。物流行业将在新零售的驱动作用下产生变革，线上渠道与线下渠道的运营将被打通。

与此同时，线下渠道的运营将趋向于数字化发展方向，从而优化实体店的管理，有效提升用户体验，实现商品的优化配置。不仅如此，实体店的商品将与线上渠道进行互动，推动电商网店向线下渠道拓展，传统零售业开通线上渠道，并将这两种发展方式融为一体。在新零售时代，线下数字化将占据更加重要的市场地位，成为货物流通的核心。

在新零售时代，客户对物流服务即时性的要求明显提高，为了满足消费者的需求，实体店会着重发展即时性供求体系，争取在半小时之内将商品送到消费者手中。传统模式下，网店的商品主要从仓库里发货；在新零售时代，则能够从距离消费者较近的实体店发货，让实体店在物流配送过程中发挥更重要的作用。末端物流体系将呈现出新的特点，物流数据化平台的发展将趋于完善，大数据会被广泛引进社会化仓储系统中，提高企业物流资源的利用率，扩大企业资源的社会化开放程度。近年来，以阿里、京东为代表的实力型企业，都积极融入社会化物流体系中，不断提高自身物流系统的包容度。

在新零售时代，企业要想获得更加长远的发展，就要掌握评估企业价值的方法，那么，物流企业的价值体现在哪些方面呢？

（1）距离用户近的物流企业，商业价值更高。末端物流是企业价值的重要体现，这个环节汇集了用户的相关信息，便于企业挖掘其商业价值。

（2）积累物流运营数据多的物流企业，商业价值更高。同样是运输人员，能够获取丰富运营数据的人，才能获得更好的后续发展。

（3）推出供应链运营所需的各类增值服务，在整个运营过程中占据更加重要的地位的物流企业，就能强化自身对产业链的控制作用。

在新零售时代，资产对物流企业的价值逐渐降低，相比之下，运营能力才是企业应该关注的重点。通过提高运营能力，企业能够充分利用现有资产推动自身发展。国内物流企业应该抓住机遇进行转型升级，如果仍然固守传统思维，就会在激烈的市场竞争中处于不利地位，最终被淘汰出局。

3.2 品牌升级：利用新技术重塑物流品牌

◎ 菜鸟：技术驱动的品牌升级

电商行业的持续稳定发展，离不开物流提供的强有力支持，现代企业竞争强调供应链之争与生态系统之争，包括生产、供应、零售、物流等在内的上下游企业应该高效联动，促进供应链一体化建设。

在2017年5月菜鸟网络主办的"2017全球新物流峰会"上，菜鸟网络对其品牌标识进行更新，并宣布启动未来绿色新物流汽车计划"ACE"，将与上汽、东风、瑞驰等合作伙伴共同生产上百万辆新能源物流汽车，通过新物流助力中小企业及中小物流转型升级。

◆ 品牌升级，发布极具科技感的新LOGO

升级后的菜鸟网络LOGO用极具科技感的一组符号取代了小鸟，中间的运动箭头寓意货物及数据的流动。外观上，运动箭头像人工智能缩写"AI"，也像世界通用技术语言0和1。

AI寓意智能、智慧，菜鸟物流将基于大数据开展智能控制与调度，让物流业告别繁重的体力劳动；AI也是中文"爱"的拼音，代表了货物流动过程中人与人的交互、爱的传递，传递了菜鸟网络践行"科技让生活更美好"的价值观。0 与 1 寓意菜鸟网络将长期坚持开放共享的商业理念，致力于将自身打造为全球性商业基础设施。

◆ 个性定制百万辆新能源物流车助力运输配送网

菜鸟品牌升级的宏观背景是我国新物流迎来快速发展期。近几年，我国社会物流总费用位居世界第一，是全球最大物流市场，但物流智能化水平相对较低。虽然汽车厂商推出了新能源车型，但没有智能系统加持，对物流快递业发展带来了一定的阻力。同时，仓配、分拣、末端配送等环节的软硬件设备智能化水平都有较大的提升空间。

协同共享是发展新物流模式的重要基础，从诸多实践案例来看，物流企业需要的新物流服务主要集中在物流数据、物流云、物流模式及物流技术方面。

菜鸟网络作为全球领先的智能物流大数据公司，在行业标准制定过程中扮演了不可取代的关键角色，通过和汽车厂商合作，打造配置"菜鸟智慧大脑"的新能源新物流汽车，将为物流企业及从业人员的决策提供有力支持，在全国范围内构建一张庞大的移动绿色新物流骨干网。

◆ 智能物流面向中小物流开放，服务万个中小品牌

新物流基于信息化互联网，充分利用大数据、云计算、物联网等新一代信息技术，实现多种物流系统的无缝对接，革新商业模式及产业结构。菜鸟网络将开展两个方面的战略升级：

（1）升级开放战略。此前，菜鸟网络主要将精力集中在加强物流基础数据整合与开放方面，为大型商家及物流企业提供技术与服务支持；未来，菜鸟网络会更加重视为中小商家及物流企业提供技

术与服务支持，让广大中小品牌能够获得定制化的智能供应链解决方案。

（2）促进国际先进物流智能设备在国内物流业的推广普及。由于新物流成本与技术门槛相对较高，很多企业虽然认识到了其发展机遇，但因为没有足够资源，无法进行系统布局，而菜鸟网络未来将致力于物流智能设备的平台化，让中小企业乃至个体也能享受到新物流红利。

随着菜鸟网络的大数据及智能算法日趋成熟，其对物流业效率提升与成本控制的作用将得到充分发挥，中西部地区也将能够和沿海城市一样享受方便快捷的当日达、次日达等优质配送服务。此外，菜鸟网络还将积极实施全球化，为 eWTP（电子世界贸易平台）提供完善的物流基础设施，为国际企业及消费者提供新物流服务，在国际舞台上展现出中国企业的风采。

京东：无人物流时代的来临

在京东 X 事业部于 2018 年 5 月 29 日在京举行的"618 JD CUBE"大会中，无人重卡、无人机、无人超市、智慧餐厅等项目集中亮相，向外界展示了京东积极发力"互联网+物流"，以人工智能、物联网、大数据等新一代技术推动物流智慧化转型的决心和勇气。

◆ 无人重卡

大会上亮相的无人重卡是京东自主研发的首款 L4 级别（自动驾驶分为 L0—L5 六个阶段，其中 L4 和 L5 级别都属于无人驾驶，区别在于 L4 是部分工况下的无人驾驶，比如仅在港口内运行等）无人重卡，长、宽、高分别为 9 米、2.5 米、3.5 米，车厢长度约为 14 米。

得益于汽车配备的激光雷达、摄像头等智能传感设备与系统，京东L4级无人重卡能够进行较远距离的物体检测、跟踪及距离估算，对自动驾驶行为进行判断。

京东L4级无人重卡基于高清地图提供的数据支持，运用视觉定位技术能够实现精准到厘米的车辆定位，可以完成自动转弯、自动避障绕行、紧急制动、高速行驶，能够适应隧道等特殊场景作业。传统干线物流存在人工作业劳动强度大、时间成本高、安全性较低等短板，而随着无人重卡不断走向成熟，这些问题将得到有效解决。

在京东X事业部总裁肖军公布的京东无人重卡发展计划中，预计2020年将会在国内完成商业化试运营。未来，北京、上海、广州三大一线城市，以及华北、华中、东北、西南、华东、西北、山东七大区域中心的干线货运中转及长途运输工作都将由京东无人重卡完成。

京东无人重卡项目于2016年启动，在美国硅谷搭建了无人驾驶、人工智能等领域人才团队，致力于推进无人驾驶技术与物流商业化应用实践。美国硅谷对无人驾驶汽车测试持开放态度，京东无人重卡项目团队进行了大量无人驾驶测试，对有人卡车大数据环境进行模拟，分析卡车与驾驶人的驾驶行为，提高无人驾驶的效率与安全性。截至2018年4月底，京东无人驾驶累计进行智能驾驶超级测试总时长2400小时。

京东X事业部全面负责京东新物流项目，在京东无人机、京东仓储机器人、京东自动驾驶车辆送货、京东全自动物流中心等领域进行了一系列的探索实践。京东物流正在积极完善"空地一体"三级新物流网络，该网络涵盖了干线、直线、智能终端、智能机场，及进行末端配送的无人车、无人机等，能够为京东物流配送提供强有力支持。

◆ 自主研发 JDY-800 无人机

JDY-800 无人机是由京东自主研发而成，和部分企业选择购买飞机产品进行改造不同的是，京东从零开始，用 1 年多的时间，依据无人机设计制造技术与工艺研发而成。

JDY-800 无人机翼展超过 10 米，起飞重量可达 840 千克，巡航高度可达千米，巡航速度达到 200 千米每小时，可连续飞行 1000 千米，具备全天候全自助飞行能力。预计，JDY-800 于 2020 年进入运营阶段。

京东北京与西安研发中心为京东无人机研发及市场应用提供了强有力支持。2016 年 6 月，京东完成无人机首次飞行；同年 11 月，在陕西等 5 省完成飞行测试。2017 年 6 月，京东无人机在陕西实现常态化运营；同年 11 月，在江苏也实现常态化运营。据统计数据显示，截至 2018 年 4 月，京东无人机出动次数高达 2 万架次，飞行总里程达 10 万千米。

由于我国现行政策对无人机飞行设置了诸多限制条件，京东无人机应用主要在农村和偏远地区，而且无人机飞行前要提前一天向空军、航管局报备，提交飞行计划，以便更好地维护空中秩序与安全。

◆ 无人配送机器人

无人配送机器人是京东新物流体系的重要组成部分，2017 年，京东在清华、人大、浙大、长安等部分高校开展无人配送机器人配送实验，目前已经进入常态化运营阶段。由于技术限制，京东无人配送机器人更加适合封闭式园区、校园，及交通管理有序的生态城，在解决最后一公里配送方面有广阔的应用前景。

无人配送机器人的出现，引发了外界关于快递员会失业的担忧，事实上，这种担忧是没有必要的。在相当长的一段时间里，无人配送机器人根本无法完成全部的快递配送工作,其对交通路况、路面平整度等条件有较高要求,配送员与机器人协作是主流方向,人机协作可以有效提高配送效率,降低工作负担,给用户带来更为良好的购物体验。

◆ 无人仓

无人仓是新兴智能物流技术的典型代表,它通过智能算法指导仓库运营,使仓库具备数据感知能力,由机器人完成入库、搬运、分拣、装车等劳动强度大、溢价能力低的工作。

2017年10月9日,京东物流首个全流程无人仓正式在上海落地,商品入库、存储、拣货、包装、装车等工作全部由机器人完成。整个仓库建筑面积4万平方米,库房顶部安装了大量太阳能电池板,白天充电,晚上为库房提供能源支持,未来正式使用后,日均订单处理量将超过20万单。

京东发展新物流并非简单地集中在某一个细节,而是从完善的物流体系高度进行全方位布局。进货、包装、分拣等环节由无人仓完成,无人机为农村及偏远地区配送,无人车完成干线运输,无人配送机器人解决最后一公里配送问题等,这使京东物流的智慧化转型具备更为广阔的想象空间。

京东新物流的商业化探索已经取得了初步成果,2017年12月11日举行的京东物流峰会上,京东物流CEO王振辉表示,京东物流收入规模在200亿~300亿元之间,已经进入盈利阶段。外单贡献占比不断提升,一方面是京东平台第三方商家订单快速增长,另一方面则是网易严选等合作伙伴给予的支持。

人工智能、大数据、物联网等智能科技的不断发展与应用,是京东新物流转型的重要推动力量,而物流水平的提升对提高社会供应链运行效率，降低成本具有极为重要的价值。当然，这仅靠京东物流等物流企业的努力是远远不够的，政府、高校、技术开发商、服务供应商等都应该积极参与进来，对新物流技术研发与应用进行广泛研究，推动我国物流业不断走向成熟，为中国经济持续稳定发展增添新动能。

◎ 苏宁：打造极致的服务体验

在苏宁物流发布的品牌升级计划中，"轻简生活"概念得到了社会各界的广泛关注。苏宁物流之所以提出这一概念，是因为它认识到了现代人追求简单、便捷的生活理念，意欲通过去除物流冗余环节，创新物流配送模式，让消费者享受到更为智能化的物流体验，从而提高人们的生活水平与质量。

◆ 苏宁物流定义"轻简生活"新理念

苏宁物流的"轻简生活"模式从润物无声、海纳百川及无限可能三大视角上展开。苏宁物流"急速体验"产品集群为"润物无声"奠定了坚实基础。苏宁物流坚持服务理念，确保速度与精准性，为送货上门、包装回收、代扔垃圾等服务制定了严格标准，充分保障了用户体验。

"海纳百川"体验了苏宁物流的开放战略。自2014年实施开放战略至今，其服务领域从早期的家电3C扩展至商超、快消、服装、母婴、家居等诸多领域，客户不乏美的、夏普、松下等国内、国际知名品牌。

"无限可能"是苏宁物流在"三网一平台"基础上对新物流进行的深度布局。三网包括仓储网、干支线运输网、末端服务网，拥有600多万平方米的仓储网络、4万多辆车辆资源、3700余条干线运输网、18769个快递点、超过5000个售后服务网点、2912个易购直营店等优质资源；一平台是指大数据平台，在苏宁物流大数据平台的支持下，将会为客户提供全链路、全渠道、全客群的到达路径。

◆ 收快递这件小事原来可以更轻松

虽然电商购物在国内已经得到了大规模推广普及，但收取快递的痛点仍未得到有效解决。比如，上班时间快递送到家中无人接收；想要为居住在农村的老人购置电视、冰箱等商品却受制于配送困难等。

为了解决这一问题，苏宁物流推出了丰富多元的收货方案，其"急速达"服务能够在2小时内将商品送到用户手中；"准时达"服务强调收货时间精准性，上线初期将误差控制在2小时以内，全天有6个时间段可供选择。2018年5月，苏宁物流对"准时达"服务进行升级，误差控制在1小时以内，可选时间段增加至12个。用户还可以使用"预约配送"服务，自由选择下单一周内的每天9:00~14:00，14:00~18:00预约送货上门。

苏宁物流还推出了一系列特色服务，连接人们更多的生活场景。比如，"苏宁帮客家"拥有超过5000家线下门店，能够辐射全国97%的地区，可以为用户提供修电脑、洗空调、选家政、治甲醛等优质服务；"送装一体"服务极大地方便了购买家居、家电商品的用户，服务网点超过2741个，可以为114个城市用户提供优质服务。

◆ 苏宁物流品牌升级

线下门店为苏宁物流提高效率、提升用户体验提供了强有力支持。线下门店同时扮演库存中心、配送中心、中转中心、销售中心、体验中心、自提网点等多重角色。用户上班下单购买后，可以下班时前往附近苏宁易购门店自提商品。同时，海量苏宁小店使苏宁物流能够解决最后一公里问题，为苏宁物流提供"轻简生活"服务奠定了坚实基础。

苏宁物流的"轻简生活"还强调绿色环保可持续。比如，苏宁物流推出的"共享快递盒"能够实现循环利用。2017年4月，苏宁物流在"苏宁418"活动中首次投放了5万个共享快递盒，仅半年时间便节约了超过650万个快递纸箱。如果这种共享快递盒能够在我国电商行业实现全面推广，一年就能节省近46.3个小兴安岭（目前，小兴安岭约有155.5万棵树木）。

苏宁物流计划在2018年"双11"期间对共享快递盒应用范围及规模进一步扩大，从如今的8个城市5万个共享快递盒扩大至13个城市（新增杭州、深圳、重庆、郑州、济南）20万个共享快递盒。

无人物流也是苏宁物流正在积极布局的一个领域。比如，苏宁上海奉贤仓储基地投入使用100组机器人，后续将扩展至1000组，届时将成为全国最大的机器人仓库；苏宁物流济南AGV机器人仓于2017年"双11"期间正式使用；郑州、重庆、深圳等城市的机器人仓也在建设之中。此外，苏宁物流计划建立5000个无人机新物流枢纽，并在全国范围内开通"镇到村"专属无人机配送线，为交通不便的农村地区物流配送问题提供新的解决思路。

3.3 服务升级：构建全新的智能物流网络

◎ 智能互通：构建新物流体系

在新零售环境下，交易互联网将超越传统的线下零售与分销网络，跳出传统的电商交易体系，比如 B2C 平台、B2B 平台、微商、社交电商等。新物流通过模式、渠道、利益机制的重构，借助互联网、移动互联网等技术，与大数据、云计算、分布式终端实现融合，将各个交易环节连接在一起，构建一个一体化的交易网络。在这个网络中，商品、组织、企业、零售、服务网络将实现无缝衔接、紧密融合，以用户需求与期望为中心对运营方法进行创新，重构零售供应链，降低交易成本，提升响应速度。

近年来，在各大电商巨头的努力下，比如阿里巴巴在线下渠道的布局，京东在农村电商、金融等领域的探索等，交易互联网逐渐成形，为传统产业与互联网、移动互联网的结合提供了有效路径。

进入新零售时代，万物开始互联。随着各种新技术（AR、VR、人工智能、深度学习、NFC、RFID、LBS、4G、5G、智能仓储等）进入新零售市场，物联网逐渐实现了深度应用。2018 年上半年，阿里巴巴启动 NASA 计划，与京东 X、Y 事业部相结合可以发现，物与物、人与物将实现便捷、高效的连接。将来，零售产业链将实现深度重构，在物联网的作用下，产品生产制造、数据挖掘、在线交易、仓储运输、零售终端等环节将实现相互连接，进而催生下一波商业机会。

随着新零售全面推进、不断深化，智能物联网吸引了各大商业巨头的关注，这些巨头遍布美国硅谷、中国的中关村、以色列、东南亚等地。从这方面来看，未来，零售不再是单纯的零售，物流也不再是单纯的物流，可以实现自动连接、自我管理、智能互动的人机智慧连接器将应运而生，现有的商业模式将被彻底颠覆。

商业领域的竞争非常复杂，既有供应链的竞争，也有生态系统的竞争，但最主要的还是人才的竞争。在新零售环境下，复合型人才或高级专业技术人才将备受企业关注，成为企业争夺的对象。在新物流体系中，物流企业需要既知晓传统物流规律，又拥有互联网思维、新兴技能、商业变革领导力的人才。在这场产业变革中，关系不是竞争的焦点，资源整合、领导执行、创新管理等综合能力才是。

物流企业要想在新零售环境下实现更好的发展，必须创建一支能满足企业变革、升级需求的人才队伍。现如今，阿里巴巴、百度、腾讯等商业巨头正在利用各种方式布局自己的人才网络，比如寻找合伙人、战略结盟、招聘、投资并购等。将来，这个人才网络将成为企业核心竞争力的体现。

普通的物流行业从业者与创业者无须与BAT等商业巨头较量，只需因地制宜、积极布局，创建自己的人才队伍、打造自己的人才体系。

◎ 仓储布局：提升响应的速度

◆ 全网入仓网

进入新零售时代，品牌塑造模式不断升级、变革，在品牌塑造方面，消费者产生了极大的影响。同时，在线上渠道、线下渠道同时加速前进的过程中，全渠道、碎片化、分布式、拉动式需求模式对品牌传统的分销渠道、供应链管理产生了极大的影响。

在这种情况下，货物调拨与管控都将面临极大的挑战。近年来，线上零售商也好，线下电商也罢，都开始进行仓储布局，既给品牌商带来了好处，也给品牌商带来了诸多问题。比如，通过仓储布局，品牌商可减少仓储投资，缩短货运距离，加快响应速度，但品牌商必须重新构建自己的物流分销体系。在新零售环境下，电商仓储、线下零售仓储是两种截然不同的运营方法，在采购、下单、交仓、逆向物流等环节，零售商有不同的表现。在这种情况下，品牌商必须全面提升自己的全网入仓能力。

现如今，这一需求变得愈发迫切。前期，阿里巴巴、京东等大型零售企业一直致力于面向 C 端及仓的物流布局；未来，随着新零售不断融合，从 C 端到 B 端，再到品牌商、生产厂商，入仓网络将成为竞争焦点，备受关注。

◆ 分布式仓储网

近年来，随着电商不断发展，物流地产，尤其是物流仓储获得了飞速发展。在一二线城市，城市标准仓一度遭到哄抢，在某些一线城市，普通仓储甚至出现了一仓难求的状况。

在新零售环境下，受需求模式的影响，仓储将成为零售产业链核心资源。受新物流社会化模式的影响，物流企业不能利用传统的租用或自建自用的方式构建物流体系，需要变传统模式为综合管控模式。所以，零售产业链的仓储形式发生了极大的改变，逐渐从原来的核心仓、零售仓转变为微仓、社区仓、店仓等多种形式，以零售产业链为核心的多级分仓体系逐渐形成。

在这种情况下，将有更多零售平台、品牌商借合作、外包、联营、加盟等方式构建自己的核心竞争力，发展分布式仓储体系，为新零售环境下的供应链提供有效支持。从这方面来看，因为仓储资源本身就是一种公共资源，自建仓的数量将越来越少，众包共享共建仓将成为一种全新的发展趋势。

◆ 仓到仓运输网

在电商驱动下，物流网络实现了转型升级。随着快递、快运迅猛发展，物流市场的转型升级速度越来越快。近年来，专线物流市场备受关注。在中国公路物流市场中，专线物流市场的占比达到了70%，专业、高效、单线集约化是其主要优势。现如今，专线物流市场已成为连接仓与仓的主要线路。

除此之外，随着农村电商不断发展，支线物流业受到了极大的关注。所以，在新零售环境下，不仅分布式仓储呈现出快速发展之势，仓与仓之间的干支线网络也将全面升级。未来，干支线物流调拨网络将实现深度整合。近年来，借助自建、战略投资、外包整合等方式，阿里巴巴、京东、苏宁等企业加快了在该领域的布局。同样，物流探索者也通过设备、管理模式、技术体系的升级对仓与仓之间的运输网络进行了有效拓展。未来，运输网络有可能成为加快物流体系响应速度的一大关键要素。

◎ 物流配送：打通最后一公里

近两年，在国内物流市场上，同城物流备受关注，成为物流领域创业者、资本争相追逐的对象，其原因有以下两点：第一，同城物流与消费者的距离最近，覆盖了多种类型的需求，包括即时需求、计划需求等；第二，同城物流为"首尾最后一公里"配送难题提供了解决方案，覆盖了区域短驳、区域配送等多种业务场景。

有人认为，现阶段，我国同城物流配送的市场格局已定，事实却并非如此。据观察，国内的同城物流市场还存在很多可能性，尤其是线上线下协同。随着客户体验、消费场景、管理模式持续升级，同城物流体系很有可能再次迭代升级。

在新零售环境下，传统的只专注于某个环节或某个细分市场的同城物流体系将面临极大的挑战。未来，面对大零售、泛零售、居民生活领域层出不穷的需求，同城物流需要全新的同城整合服务模式，这种同城网络体系不仅具有传统的仓到店、店到家、店到点的运输功能，还具有跨区域、跨品类、跨城市、跨场景的综合服务能力。

从阿里巴巴、腾讯、百度等行业巨头的布局来看，物流最后1公里、3公里领域的布局已经完成，30公里、100公里还没有迎来成熟的发展时机，存在很多竞争者。所以，该领域的网络建设将聚焦物流场景、零售场景的管理与整合，全渠道、全范围的物流服务网络与个性化响应网络体系的构建。

进入新零售时代，商品监督权、使用权、所有权、决定权不断在零售产业链上移动，变化速度极快。在万物互联、交易互联的环境下，因货物缺损、换货、客户拒收等原因导致的物流效率低、成本高、响应速度慢等问题都尚未得到有效解决。

虽然菜鸟、京东自建物流在逆向物流体系建设方面取得了一定的成就，并在大力推进逆向物流体系建设，但逆向物流服务的场景要求越来越多，现有的逆向物流体系根本无法满足这些要求。究其原因，除了逆向物流需求具有复杂性、不确定性之外，还因为逆向物流需要在数据管控、线路优化、包装设计等方面开展一体化管理，不断转型升级。

在这种情况下，专业的物流企业迎来了一个很好的发展机会，其主要工作就是在阿里巴巴、京东这些行业巨头完成布局之前，找到逆向物流潜在的规模化价值，将其延伸服务纳入自己的产品服务体系，打造一个"人无我有，人有我优"的产品组合，以成功完成布局。

品牌服务：品牌孵化与升级

品牌是新零售成功的关键，而要想打造好品牌，关键要打造好产品。现如今，品牌打造讲究"互联网+线下网络协同推进"的方式，于是，品牌打造成本也就随互联网流量成本的增加而增加。在品牌打造方面，随着社会营销门槛不断提升，线下品牌营销模式就成了一种最好的补充模式。

品牌塑造需要企业与专业人才投入大量时间与精力，无法一蹴而就。在这种情况下，各大零售巨头纷纷在品牌塑造领域布局，凭借自己了解消费者、掌握销售渠道、流量、场景、用户、数据等方面的优势创建一个全链条品牌管理服务体系，为品牌商打造品牌提供了助益。

无论是天猫、淘宝平台上的淘品牌，还是京东的自营模式，抑或是内容电商、社交电商，这些商业模式的探索都以品牌管理与服务为切入点，最终通过与品牌商、生产商供应链体系的融合完成品牌孵化与升级，这是未来商业发展的主要趋势。

在物流方面，物流行业的从业者亟须解决以下问题：在新品牌网络体系中，物流企业如何借运输、物流、仓储等方式让品牌商更好地布局供应链管理及销售分销网络，从中获取更多价值？对于物流企业来说，这是其深入品牌服务体系最需要考虑的因素。

在新零售时代，协同是一大典型特征，这里的协同不只是数据协同，还包括操作协同、管理协同。它要求以用户需求为核心，聚焦用户体验升级，通过平台开放、人工智能、支付体系、大数据挖掘等技术构建系统化、标准化、碎片化、U盘化的新零售产业生态体系，让线上线下、企业内外、平台与用户共享物流、数据、规则、管理、流程、利益等内容，实现无缝运转、迭代升级，最终面向用户构建一个网络协同的分工服务体系。

在新零售生态中，这是最重要的组成部分。公开透明、经济安全的服务协同网络是一切互联网交易网、智能物联网及其他网络体系的落脚点，它们以实现多方共赢为目标，共享产业链创造出来的价值，共担产业链风险。现阶段，新零售正在从电商领域向传统零售领域蔓延，原有的服务协同体系亟须打破重组。

在新零售环境下，无论是以阿里巴巴、京东为代表的服务商市场，还是以沃尔玛为代表的配套零售产业服务体系，抑或是其他细分服务商都需要调整、重组，其未来的发展趋势需要深入挖掘。站在新零售变革的风口上，物流企业能否成功转型升级，关键在于物流企业如何看待这场变革，如何采取行动。

第 4 章
数据驱动：大数据重塑物流企业价值

4.1 物流大数据：开启智慧供应链新时代

◎ 物流行业大数据的主要特点

近年来，云计算、物联网成为业内研究者讨论的重点话题，很多在世界范围内拥有较强影响力的信息科技企业，开始进行相关的大数据的研究及应用。物流行业在运行过程中会产生丰富的数据资源，物流企业要想增强自身的竞争实力，就要发挥大数据的推动作用。

为此，企业要对大数据在物流行业的应用特点进行分析，了解大数据怎样从技术层面帮助企业提高竞争力。

◆ 来源复杂，类型繁多

数据信息的来源非常广，总体上包括如下八个渠道：互联网与移动互联网、电商渠道、媒体渠道；商务智能系统、企业决策参考系统；智能终端、设备，监控设备及传感系统；以手机为代表的移动设备、计算机、存储设备；射频识别系统、全球导航系统、地理信息系统、物联网、车联网系统；第三方平台、数据分析系统、云计算；行业分析报告、行业活动调查等；企业交易、沟通过程中产生的数据。

来源广泛的大数据，类型也十分繁多，具体包括如下八种：

（1）用户行为、喜好、习惯，以及他们在沟通过程中产生的数据。

（2）网络数据、用户网络活动记录、电商交易数据、流量统计数据等。

（3）技术设备捕捉到的数据，包括监控信息、传感器显示数据、车载信息、实体数据等。

（4）企业内部信息系统获取或分析的数据，具体包括决策参考信息、供应链数据、人力资源数据、顾客数据、客服记录、市场数据、产品数据等。

（5）PC、移动设备使用数据。

（6）地理定位数据、射频识别设备显示数据、车载设备显示数据、全球定位系统追踪数据、车辆数据、监控数据等。

（7）客户关系管理、数据仓库、知识发现（KDD）、流量统计及各类应用数据。

（8）行业报告、科研调查、公共数据等。

◆ 结构多维，格式多样

物流运营过程中产生的数据，无论是结构还是格式都不是单一的。

（1）结构化数据、非结构化数据以及半结构化数据。除了结构化数据之外，非结构化数据与半结构化数据也是物流数据的重要组成部分。其中，非机构化数据包括文本、图片、文档、专业报表、音频、视频等；半结构化数据包括电子邮件、JSON文档、日志文件等。在其总体构成上，结构化数据占总体的15%～25%，其他则为非机构化数据与半结构化数据。

（2）内部数据与外部数据。内部数据是企业本身在运营过程中产生的，具体如企业交易数据、客户关系管理数据等；外部数据通常由第三方提供。对物流企业而言，内部数据与外部数据的区别十分明显。其中，内部数据涉及行业标准与商业机密，私密性较强；相比之下，外部数据的公开程度更高一些。

（3）多样化的结构特征，决定大数据拥有不同的格式。以往常见的数据格式有报表、档案、信函、纸质文件等，网络时代又出现了电子邮件、音视频、电子文档、图片等多种格式。这些格式的兼容性较差，无法统一存储及管理，增加了数据获取、存储、调用及分析的难度。

◎ 物流行业大数据的应用特征

◆ 大数据的应用潜力巨大

以往，结构化数据与内部数据是企业制定决策时参考的主导数据类型。商业智能（BI）开拓了企业的发展空间，尽管如此，非结构化数据、外部数据仍得不到充分的利用，企业因参考信息不足，容易出现决策失误的情况。

随着大数据技术的高速发展与普遍应用，外部数据逐渐成为企业不可忽视的信息资源，相比之下，结构化数据在总体中的比重仅为15%，无法为企业的决策制定提供全面、准确的参考信息，使企业面临诸多风险。如果物流企业仍然固守传统的思维模式，就会在数据处理过程中面临信息传送慢、成本消耗大、系统运营受限大等问题。利用大数据技术，企业不仅能够提高自身的数据处理能力，还能够节约总体成本。

中国权威ICT研究机构计世资讯的调研结果表明，大数据在技术应用层面及投资可能性方面都十分符合物流行业的发展需求及现状。换句话说，大数据十分适用于物流行业。该机构表明，尽管九成以上的物流企业对"大数据"的概念都不陌生，但物流行业对大数据的应用仍处于初期阶段。也就是说，大数据在物流行业的应用具有十分广阔的市场前景。

◆ 大数据的供应链特征明显

在物流领域内，大数据的供应链化特征突出逐渐显露出来。这个供应链由多个环节组成，具体包括数据获取、数据整理、数据分析、数据价值挖掘、数据应用等；参与主体也很多，包括数据来源方、数据获取方、数据服务平台、数据技术及服务提供方、数据应用投资方、数据应用方等。

对物流企业来说，在参与数据供应链时，企业能够发挥多种功能。具体而言，物流企业可以将自己的内部数据、结构化数据分享出来，也可以投资相关数据产业，或者进行数据应用。如果条件允许，企业还能发挥更多的作用。在这个环节，若企业本身就十分擅长数据供应链整合，则能够在竞争中掌握更多的主动权。

◉ 物流行业大数据的分类框架

大数据在各行业的应用价值得到了社会各界的高度重视，提高大数据应用水平，成为各行业转型升级的重要驱动力。而数据分类是大数据行业应用的重要基础，对新物流等新兴业态的发展具有极为重要的价值。下面对大数据背景下的新物流数据分类框架及方式方法进行深入分析。

具体而言，在新物流数据分类框架中，新物流数据包括商物管控数据、供应链物流数据、物流业务数据三大类，分别对应着宏观层面、中观层面及微观层面。

商流可以看作流通商品的物流，以流通商品物流这一宏观层面为切入点，对新物流数据进行研究分析，可以帮助我们对不同商品品类的具体流量流向数据有清晰认识，掌握新物流数据的整体状况，为新物流管理决策提供强有力支持。

供应链物流可以看作从供应链视角上分析的物流，它服务于经济活动的相关物流，能够对生产活动、供应活动、销售活动、物流活动等进行协调控制，是一种中观层面的物流活动。

物流业务是构成新物流的关键所在，以物流业务这一微观层面为切入点，可以让我们实时了解新物流的基本运行数据，从而为物流业务优化提供支持。

◆ **大数据背景下新物流商物管控数据分类**

新物流网络是一种庞大而复杂的双向网络系统，新物流商物管控数据是商品在该系统流通过程中的产物。新物流商物管控数据由商物数据、物流网络数据、流量流向数据三类数据构成：

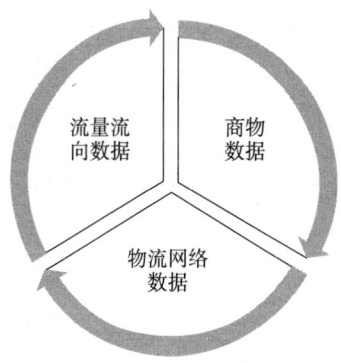

图 4-1 新物流商物数据分类

（1）商物数据

新物流活动围绕商品流通展开，其数据主要是和流通商品关联的各种数据。从数据作用角度上，我们可以将商物数据类型划分为产品类型、商品类型及货物类型。

（2）物流网络数据

物流过程中的商品时刻处于物流网络之中，所以，分析物流网络数据对新物流数据分析有十分积极的影响。从物流网络构成要素角度上，我们可以将物流网络数据划分为物流节点数据与网络数据。

（3）流量流向数据

和普通网络不同的是，新物流网络中的货物时刻处于流通状态，搜集并分析货物流量及流向数据自然显得尤为关键。从数据作用角度上，我们可以将流量数据划分为流量分析数据与流量调控数据，将流向数据划分为流量分布数据与流量优化数据。

◆ 大数据背景下新物流供应链数据分类

从中观层面也就是供应链层面上，根据供应链环节的差异性，我们可以将新物流供应链数据划分为采购物流数据、生产物流数据、销售物流数据及客户数据。

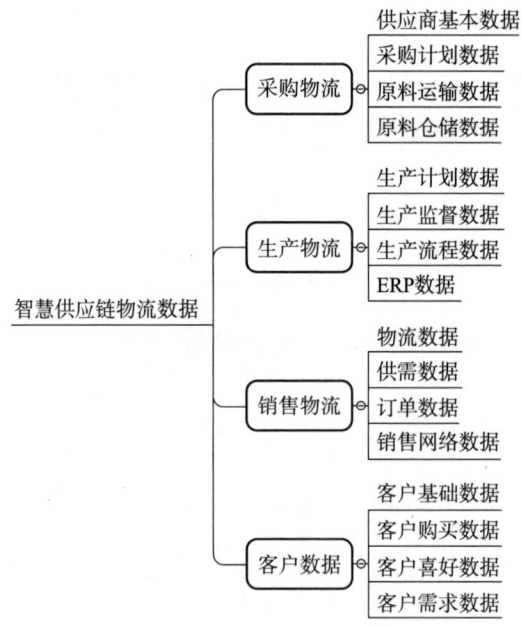

图4-2　智慧供应链物流数据分类

(1) 采购物流数据划分

采购物流数据涵盖了生产物资采购、仓储、运输、库存管理、用料管理、供应管理等数据。从采购物流流程角度，该数据可以被进一步细分为供应商基本数据、采购计划数据、原料运输数据及原料仓储数据。

(2) 生产物流数据划分

生产物流数据涵盖了与生产工艺相关的物流活动数据，从生产物流流程及数据需求角度，新物流生产物流数据可以被进一步细分为生产计划数据、生产监管数据、生产流程数据及 ERP 数据。

(3) 销售物流数据划分

销售物流数据涵盖了生产企业、流通企业销售商品时，商品从供给方传递到需求方的实体流动过程相关数据，可以被进一步细分为物流数据、供需数据、订单数据及销售网络数据。

(4) 客户数据划分

客户数据涵盖了商品完成客户交付后的相关数据，可以被进一步细分为客户基础数据、客户购买数据、客户喜好数据、客户需求数据等。

◆ **大数据背景下新物流业务数据分类**

从微观层面也就是新物流业务层面，按照物流信息分类方法及数据在物流业务中作用的差异，新物流业务数据可以被划分为运输数据、仓储数据、配送数据及其他数据。

(1) 运输数据类划分

在诸多物流业务中，运输业务乃是新物流核心业务，相关数据类型多样、结构复杂。从数据作用角度，可以将其进一步细分为运输基础数据、运输作业数据、运输协调控制数据、运输决策支持

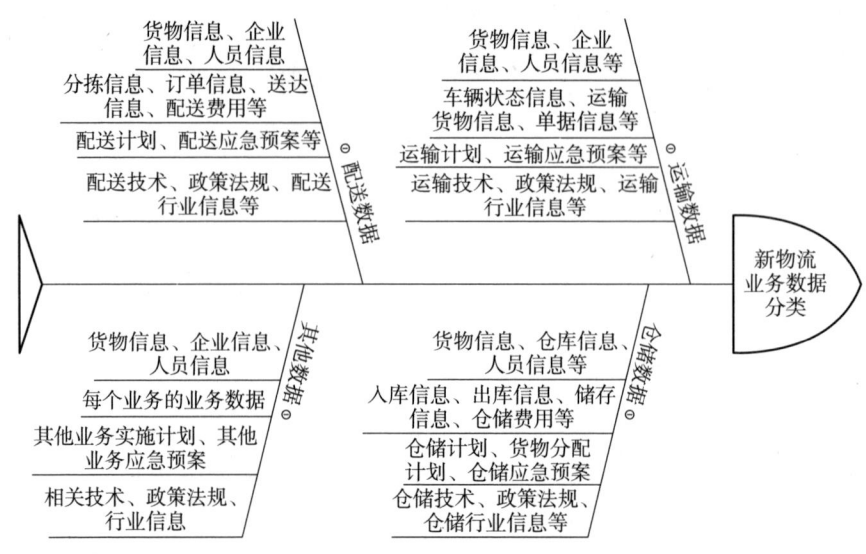

图 4-3 新物流业务数据分类

数据。

（2）仓储数据类划分

在诸多物流业务中，仓储业务是新物流静态业务的典型代表，其业务内容是对商品进行一定的分类、挑选、整理、加工、包装等处理后，将其存储到特定空间之中。从数据作用角度，可以将其进一步细分为仓储基础数据、仓储作业数据、仓储协调控制数据及仓储决策支持数据。

（3）配送数据类划分

配送属于物流终端环节，新物流中的配送业务强调充分利用物联网、人工智能、传感器等技术及相关设备，搜集并处理用户需求、交通路况等数据，为用户制定配送方案，提高配送效率与质量，并降低配送成本。从数据作用角度，可以将新物流配送数据进一步细分为配送基础数据、配送作业数据、配送协调控制数据、配送决策支持数据。

（4）其他业务数据类划分

包装、装卸搬运、流通加工等也是新物流的重要物流作业，当然，部分商品可能不需要进行流通加工。从数据作用角度，新物流其他业务数据可以被进一步细分为其他业务基础数据、其他业务作业数据、其他业务协调控制数据及其他业务决策支持数据。

大数据环境下的供应链管理

供应链上下游企业间的交易活动产生了大量数据，在传统供应链管理模式下，这些数据不是被忽视，就是未被充分利用。自进入大数据时代之后，企业对数据的重视程度越来越高，再加上各种数据挖掘与分析技术逐渐成熟，企业有了充足的条件利用大数据对供应链管理进行优化。

在大数据环境下，企业供应链管理具有三大特点，具体分析如图4-4所示。

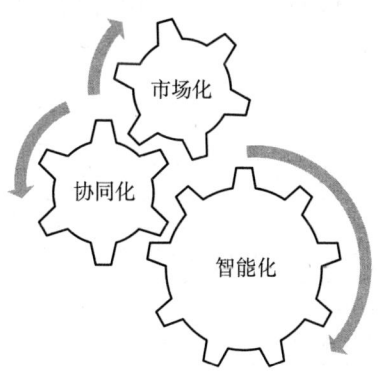

图4-4　大数据环境下企业供应链管理的特点

（1）智能化

在供应链管理模式下，企业的管理系统跨地区、跨部门、跨行业，变得越来越复杂。对于那些规模庞大的数据与信息，如果没有与之匹配的数据平台根本无法处理,自然更无法将其用到实际生产、生活之中。在此情况下,供应链管理必须有技术支持,也就是必须实现智能化。

(2) 协同化

供应链管理不是一个企业就能做好的,需要各节点企业相互配合,从而形成竞争力较强的产业链。在大数据环境下,数据只有流动起来才能产生价值,为此,供应链企业必须进行数据共享与互联,从而实现协同发展。

(3) 市场化

在大数据环境下,市场数据收集变得愈发简单,以用户需求为驱动力形成的供应链逐渐成为主流。在此情况下,供应链是否有竞争力的判定标准就变成了能否利用数据为客户提供满足其个性化需求的产品或服务,能否开展精准营销。因此,在大数据环境下,供应链管理必将向着市场化的方向不断发展。

那么,在大数据环境下,企业要如何进行有效的供应链管理呢?具体策略如图4-5所示。

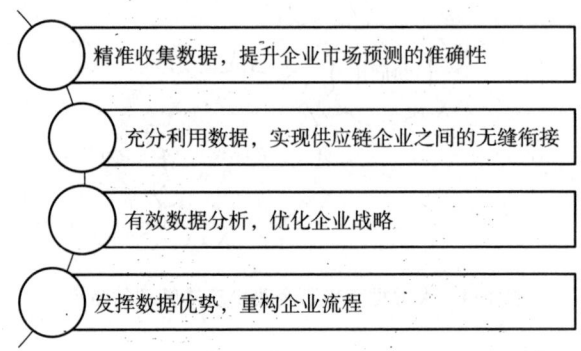

图4-5 大数据环境下的供应链管理策略

◆ **精准收集数据，提升企业市场预测的准确性**

在供应链管理过程中，最难实现的就是供应链管理计划的制订，而这一环节却是整个供应链管理过程的开端，对供应链在未来一段时间的运行起着重要的指导作用。虽然最初的供应链计划也强调协同及 CPFR（协同式供应链库存管理），但因为客户信息无法共享，再加上企业过于关注自身利益，所以供应链计划通常是企业根据历史销售数据及经验制订的，然后逐级向上游企业传递。在这个过程中，信息非常容易失真，距离市场较远的企业容易出现"牛鞭效应"，使企业蒙受巨大的损失。

在大数据环境下，以数据平台为媒介可与市场数据实现全面对接，明确市场需求数量，对消费者的消费趋势乃至市场发展趋势做出准确预测。同时，通过协同化数据的共享，供应链上的各个企业都能获取数据，各企业可以根据自身的实际状况对共享数据进行沟通，通过协商制订供应链计划，促使协同计划真正成为现实。

◆ **充分利用数据，实现供应链企业之间的无缝衔接**

企业的最终目标就是获取最大化的利润。虽然从理论上讲，企业可以借供应链管理获取长期利益，但在实际推行的过程中，如果供应链利益与企业利益发生矛盾，企业会更倾向于自身利益，导致供应链管理难以顺利推行，供应链各节点企业无法顺畅沟通。

在大数据环境下，计算机与互联网技术早已渗透到了供应链各节点企业中。借助数据平台，通过构建数学模型，企业可对各种供应链方案的运行结果进行预先演示，从而找出最有效的供应链方案；还可以对受益于该方案的企业和受损于该方案的企业进行排序，让受益企业弥补受损企业，从而让供应链上的所有企业都能获取经济利益。

除此之外，在大数据环境下，企业可以快速获取信息，使供应链各环节的操作效率得以有效提升，进而使采购、生产、存储、销售等各个环节的运行效率得以大幅提升。比如，某供应链上的零售企业缺货，只需将缺失的商品信息录入平台，系统就能自动匹配到距离该企业最近的仓库，自动计算出运输路线，在最短的时间内将商品送达，从而让供应链各节点企业实现无缝衔接。

◆ 有效数据分析，优化企业战略

企业战略涉及了企业发展的基本问题，长期性和整体性问题，如企业竞争战略、营销战略、经营战略、品牌战略等。传统企业战略的制定流程是自上而下，某些企业也采取自下而上的方式，先由各职能部门制定部门战略，然后再在此基础上形成企业战略。无论采用哪种方式，战略制定者的个人经验与倾向都发挥着决定性作用。

进入大数据时代之后，企业战略的制定变得更加理性，企业战略也得以优化。在大数据时代，企业可利用大数据技术对来自内部、外部的数据信息进行全面掌握，根据数据的智能化分析结果制定企业战略。比如，企业可利用供应链数据信息，结合对成本、市场竞争、业务量、发展趋势的分析制定品牌战略，结合对企业采购、销售、存储、物流等信息的分析制定经营战略。

◆ 发挥数据优势，重构企业流程

目前，很多企业使用的仍是传统的职能制组织结构。在这种组织结构下，企业不仅可以制定、发布统一的行政命令，其职能管理也更加专业化。随着信息技术的迅猛发展及大数据时代的来临，企业所处的市场竞争环境发生了巨变，必须在极短的时间内对市场变化做出响应。在这种情况下，职能制组织结构就显现出一个巨大的问题——信息传递效率差，使供应链运行效率深受不良影响。面对这种情况，为了提升信息传递效率，提升供应链管理水平，企业必须围绕业务流程创建一种新的组织结构。

虽然供应链管理与大数据应用都属于新鲜事物，但近年来，这两种新生事物已在企业界实现了广泛应用。未来，随着互联网技术不断发展，大数据分析将在供应链管理领域实现更加广泛的应用，供应链管理将进一步推动企业战略制定、企业流程优化、产品需求的预测等，最终促使供应链各节点企业实现共赢。

4.2 构建大数据物流开放平台的策略路径

◎ 大数据物流开放平台业务设计

现如今,大数据的应用范围不断拓宽,对多个领域的发展产生了影响。举例来说,金融机构通过提取、分析交易数据,能够发现交易中存在的欺诈行为;医疗机构可以将患者信息和治疗进度分享给医药研发部门,用于提高药物疗效;交通部门可以利用大数据提高交通运力,促进智慧城市的建设与发展;等等。

迅速发展的电商行业对物流平台的运行提出了更高的要求。如今,物流开放平台需要在相同的时间内处理更多的包裹,而急剧增加的任务量使其运营短板逐渐显露出来。有些商家在库存管理方面存在问题,难以优化自身经营,无法实现供给与需求之间的匹配。以"618""双11"为代表的电商促销节,导致物流网络在短时间内承担的压力倍增,出现严重的货物积压问题,但物流企业的运输效率较低,难以优化运输线路的选择,车辆资源也得不到充分的利用,大数据的应用则为企业提供了有效的应对方案。

现阶段,仓储备货、配送中心选址、车辆调度和运输线路布局,构成大数据环境下物流开放平台的主导业务内容。

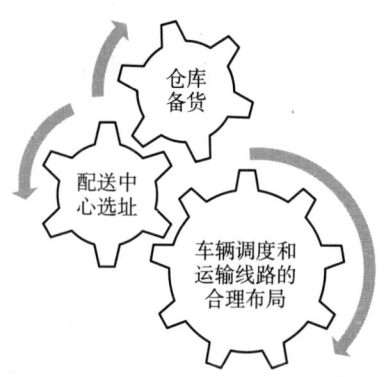

图4-6 大数据物流开放平台的主导业务内容

◆ 仓库备货

仓库备货主要是指对网络搜索趋势、气候预测、社交平台信息进行分析与处理,据此提高企业的库存管理能力。具体而言,是获取网站的访问记录、消费者关注的信息类型、电商平台的交易数据、物流公司的运营情况等数据,在进行数据分析的基础上保持正常的货物供应。

利用大数据优化仓库备货,提高库存管理的针对性;准确预测货物需求量,节约商家在库存环节的成本消耗。以菜鸟网络为例,其运营方能够通过对以往货物需求量、商家信息、备货量等数据的提取与分析,依托大数据技术对物流数据进行有效的挖掘和处理,实现物流信息的高效流通,为商家备货提供精准参考。

◆ 配送中心选址

仓储空间的位置布局不合理,则会增加运输成本。具体而言,布局密度过低会导致车辆空载率提高;布局密度过高,则会延长运输线路,都不利于总体运输效率的提高。要改善这种局面,就要合理布局仓库空间,优化整体的货物管理。

物流企业要注重配送中心选址,将交通运输情况、以往快递物流方向、配送空间布局情况等都考虑在内，运用大数据技术及空间地图，为物流开放平台提供有效的数据参考，明确物流配送服务尚未覆盖的区域，据此调整物流开放平台的仓储位置布局，加速整个物流配送环节的运转。

◆ 车辆调度和运输线路的合理布局

（1）调整调度方案

以包裹配送追踪数据、包裹配送反馈数据、车辆资源分布数据为参考，改革当下的车辆调度模式，提高配送车辆的利用率，提高各个配送网点的车辆供给与需求之间的匹配度，优化整体的资源利用，提高配送效率。

（2）制定运输线路

依据发货地、包裹接收地、配送过程中的天气、交通情况等，选择最理想的运输路线，全面提高物流的运作效率。

◎ 大数据物流开放平台业务特点

物流开放平台涵盖的数据类型有网络搜索数据、车辆轨迹数据、地理信息系统数据、天气数据、物流公司以往配送数据、商家信息及货物需求数据、社交媒体数据等。由此可见，物流开放平台将结构化数据与非结构化数据融为一体，且突破了平台界限。

除此之外，时效性是电商客户非常重视的因素。物流配送环节的运作能够对整体消费体验产生影响，而电商物流市场需求具有周期短、货物集中性低等特点，要想满足电商客户的需求，就要提高大数据分析的实时性。在这里对大数据的特点、物流开放平台的数据分析要求进行简要概括（如图4-7所示）。

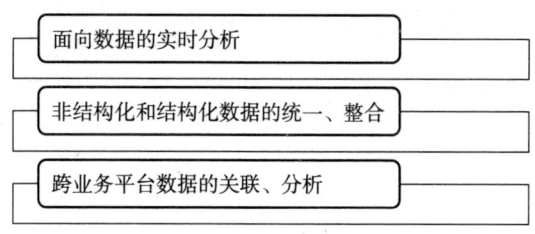

图 4-7 大数据物流开放平台业务特点

◆ 面向数据的实时分析

随着电商领域的快速发展，电商客户提出了许多新的物流要求，导致物流开放平台面临日益变化的市场环境，而要从容应对这种瞬息万变的市场形势，就要充分了解并把握自身的业务运营情况。为此，要加快对平台运营过程中产生的数据资源进行处理，并对其进行高效分析与挖掘。在网络时代，物流开放平台运行过程中产生的数据规模会持续扩大，这要求物流开放平台提高信息处理的能力及分析速度。

◆ 非结构化和结构化数据的统一、整合

以往，结构化数据构成电子商务数据的主导类型，主要体现为文本形式。如今，除了结构化数据之外，非结构化数据也在占据重要位置，具体如地理位置数据、社交化网络数据、网络日志信息等。数据统计显示，非结构化数据在企业总体数据中的占比达到85%。这些数据通常来源于企业对先进技术手段、媒体渠道的掌握与应用。

在对物流平台的非结构化数据进行分析的过程中，要对文本信息、图像信息、地理空间信息等进行获取与分析，并对数据进行深度加工与处理。要想提炼数据信息中的价值，还要实现非结构化数据与结构化数据之间的有效连接。

◆ 跨业务平台数据的关联、分析

现阶段，企业各个业务板块的数据分属于不同的系统，在具体应用过程中，由于各个系统相互独立，缺乏数据层面的交流共享，无法实现数据资源的充分利用；另外，企业只注重关键业务数据，对其他数据缺乏重视。相较于单一业务模块的数据挖掘，对不同模块的数据进行处理显然更具价值。而物流开放平台要实现这一点，就要进行数据关联与整合利用。

◎ 大数据物流开放平台关键技术

在了解物流开放平台业务数据的基础上可知，为了满足用户获取及分析海量数据的需求，物流开放平台有必要搭建统一的大数据平台，给用户提供便利。在具体实施过程中，物流开放平台要配备专业的数据管理平台，用于处理各个类型的数据信息，综合采用多元化的技术手段和工具设备进行数据管理；还要制定实时预测分析解决方案，对结构化数据和非结构化数据进行整合应用，方便用户随时随地在大数据平台进行信息搜索和共享。由此可见，物流开放平台在大数据应用方面应该掌握的几项核心技术如图 4-8 所示。

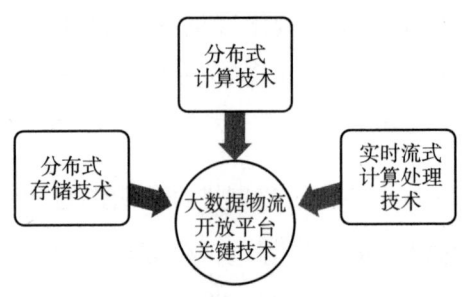

图 4-8　大数据物流开放平台关键技术

◆ 分布式存储技术

物流开放平台涵盖了地理信息系统数据、社交媒体数据、车辆追踪数据等多种类型的数据信息。在对这些数据资源进行管理时,要用到分布式存储技术。借助于这种先进的技术手段,平台能够依托网络系统,把分散在不同地域、不同系统中的存储资源连接到一起,提高平台的数据存储及分析能力,并为后续发展过程中的平台数据应用做好准备。

Hadoop 的 HDFS 分布式存储系统在企业中应用得比较普遍,这种系统中的节点主要包括两种:NameNode 和 DataNode。用户可利用 HDFSclient、Distributed File System 和 FSData Output Streams 对这两种节点实施管理操作,并对其文件信息进行处理。

Hadoop 平台可采用的存储架构有三种:DAS、SAN、NAS。从储存角度来看,DAS 与平台本身采用的存储模式是一致的;但立足于数据复制层面来分析,用 NAS 和 SAN 模式来存储 Hadoop 平台上获取的高质量信息资源及数据处理结果,比 DAS 存储模式更加安全、可靠。

◆ 分布式计算技术

物流开放平台要同时处理不同数据库、不同类型的数据,且数据总体规模十分庞大。传统的计算模式无法满足平台的信息处理需求,利用分布式计算技术,平台就能够把这些任务交给多台计算机来完成,对闲置的中央处理器进行充分利用,并对最终的处理结果进行汇总。由此可见,分布式计算能够优化稀有资源的利用,协调发挥多台计算机的信息处理能力。

在执行并发任务的过程中,平台需采用以 Map-Reduce 为代表的主流分布计算方式,利用 Java 虚拟机促进资源共享,利用 Zookeeper

实现协同工作，利用 Map-Reduce 进行任务调度与安排，利用 HDFS 进行数据交换。

◆ 实时流式计算处理技术

因为天气情况、路况信息是不断变化的，物流开放平台要对实时数据进行分析和处理。借助流式计算处理技术，能够用高速数据流的方式，向平台提供具有战略意义的业务信息，据此提高平台对高速数据流的处理能力，同时有效判断不同事件的价值，帮助商家在了解市场变化态势的基础上制定科学、合理的决策，提高运行的安全性。

立足于现阶段的情况来分析，复杂分布式事件计算、数据流捕捉以及内容筛选为流式计算运作流程的主体组成部分。Twitter 的实时数据处理分析工具 Storm 采用的是开源分布式实时流式计算模式，这种数据处理分析工具能够迅速完成数据处理任务，还能在水平方向进行延伸。主节点与工作节点是 Storm 集群的主体构成部分，Nimbus 守护进程和 Supervisor 守护进程分别应用于主节点和工作节点中，前者负责任务安排、代码分配与故障排除，后者负责追踪、管理工作进程。

Nimbus 和 Supervisor 都能快速失败，并且是无状态的，所以这两个守护进程的实用性比较高。除了 Twitter 的 Storm，谷歌的 S4 也具备相似的功能，但其发展进度要慢一些。

 大数据应用的方案设计与分析

◆ 大数据应用目的

物流开放平台致力于通过大数据达到三个目的：

（1）提高平台的检索能力，加快信息处理。物流开放平台依托大数据技术，可以提高企业的信息检索能力，在更短的时间内进行有效的信息提取。

（2）利用大数据，平台能够提高决策制定的准确度。在激烈的市场竞争中体现自身的优势。企业可以在决策制定过程中参考物流需求信息，并在实施过程中用反馈信息对决策的合理性进行检验。

（3）平台能够利用大数据实现精细化运营。当大数据得到规范化应用后，平台就能对所有顾客的消费记录、电商平台及其他网站的浏览记录进行获取，进而挖掘客户的消费特征及行为习惯，据此挖掘这些群体的商业价值，给商家本身及物流企业提供有价值的参考，帮助他们制定更加准确、科学的决策。

◆ **大数据应用原则**

（1）可扩展升级

在后续发展过程中，物流开放平台的运营能力将不断提高，能够为用户提供更加优质的服务，从而吸引更多商家和物流企业加入。与此同时，平台需要处理的数据规模也将持续扩大，在这种情况下，应该对平台未来的业务发展趋势进行分析，在此基础上进行可扩展升级。

（2）安全性

在信息泄露问题日益严重的今天，平台在进行数据获取与分析的过程中，应该提高数据、计算、存储、传输的安全性，避免商家和消费者的个人隐私被侵犯。

（3）易用性

要使平台运营对接众多商家和物流企业在库存管理、业务发展、路线方案制定等方面的需求，就要降低平台操作的复杂程度，便于商家和物流企业掌握其大数据产品的应用方法。

◆ 大数据应用阶段

对海内外大数据应用的发展历程进行分析，总结出三个发展阶段：第一个应用阶段，平台会涌现海量数据，平台应该对这些数据进行有效的处理，据此调整其业务运营模式，提高运营效率；第二个应用阶段，注重对业务相关数据信息的获取，利用恰当的分析模型和科学的预测手段，对数据资源进行深度处理；第三个应用阶段，平台的大数据应用能力逐渐提高，数据资源也更加多样化，能够建立起相对完整的数据生态系统，将数据运营商、数据服务提供终端、数据市场等都纳入其中。

未来，物流开放平台的大数据应用能力将不断提高，平台的大数据业务将容纳更多的外部数据资源。平台在获取、加工、分析这些数据资源的基础上，能够根据商家及客户的需求为其提供针对性的物流服务，并逐渐降低物流成本，同时加速整个社会物流的运转。

第 5 章

平台战略：构建高效的供应链协同网络

5.1 车货匹配信息平台的现状与构建策略

◎ 车货匹配平台的模式与优势

物流领域有一组众所周知的数据：2000多万辆货车，300公里的行程，72小时的停车配货时间间隔。这组数据将物流行业资源浪费、无效尾气排放的事实展露无遗。正是受这些问题的影响，我国的物流水平才会如此之低。对于物流行业来说，在此情况下，借助互联网实现车货匹配，使物流运输资源实现优化配置，减少资源浪费就成为其创新发展的主要方式。虽然车货匹配领域还没有建立成熟的商业模式，存在车辆多货物少、信用制度缺失等问题，但提升货物运输效率却是全行业的刚性需求，因此车货匹配有着较为广阔的发展空间。

车货匹配领域出现了很多优秀的创业企业，比如货车帮、运满满、1号货、天地汇等，这些车货匹配平台致力于让车主、货主在最短的时间内实现精准对接，以提升物流运输效率，降低车货匹配成本。

◆ 车货匹配信息平台定义及主要功能

车货匹配信息平台就是在"互联网+"环境下，利用在线平台让车主、货主直接沟通，消除运输环节各种中介，在互联网技术的支持下提升信息检索能力与车货匹配效率，减少因信息不对称诱发的各种问题，提升车辆满载率。

车货匹配信息平台有以下四种功能：

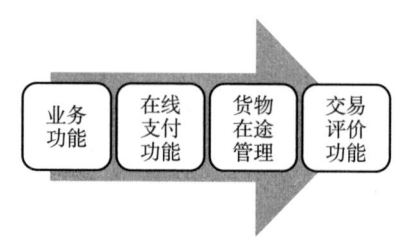

图 5-1　车货匹配信息平台的主要功能

（1）业务功能：车货匹配信息平台可为车主、货主提供丰富的信息，比如车辆类型、货源类型、运输路线、周边货源信息、车辆位置信息、车主或者货主的联系方式等。

（2）在线支付功能：车货匹配信息平台支持支付宝、网银支付，还支持货主通过银行的担保交易平台支付货款，降低了支付风险。

（3）货物在途管理：通过车货匹配信息平台达成交易后，货主可通过平台对货物运输信息进行跟踪，车主也可以随时登录定位平台对车辆运行情况与所处的位置进行了解。

（4）交易评价功能：很多车货匹配信息平台都设置了车主、货主信用互评模块，平台会将每次交易评价保存下来，辅助车主、货主做出更好的选择。

◆ 车货匹配平台主要模式

车货匹配平台有两种模式：一种是纯平台模式；一种是线上+线下模式。

(1)纯平台模式

纯平台模式指的是仅构建一个线上平台为车主、货主提供线上信息查询服务,让车主、货主通过平台获取合适的车源信息或者货源信息,进而达成交易。这类平台的典型代表包括中国配货网、中国物通网等。

(2)线上+线下模式

简单来说,线上+线下模式就是在全国各地设立服务网点,以点带面对运力资源进行整合,形成线下运力资源网络,这个网络相当于一个规模庞大的运力池。同时,利用互联网技术开发线上 APP,与线下的运力资源网络相辅相成,为客户提供更全面、周到的车货匹配服务。

◆ 车货匹配信息平台作用

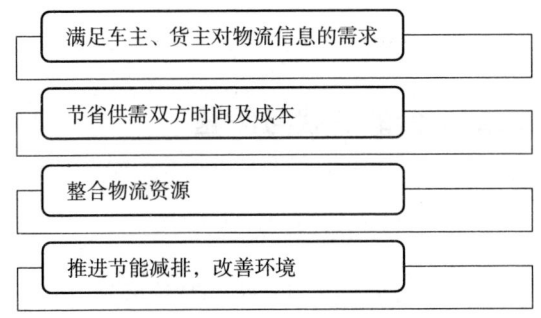

图 5-2　车货匹配信息平台的作用

(1)满足车主、货主对物流信息的需求。车货匹配平台使货运信息透明化,过去因车货信息不匹配导致的资源浪费、运输成本居高不下等现象大幅减少,车辆与货物可实现智能化匹配,车主与货主可在最短时间内取得联系,达成交易,使货运需求得到极大的满足。

（2）节省供需双方时间及成本。车货匹配平台让运输过程实现了去中介化，车主、货主无须再委托中介寻找合适的货源或者车源，不仅节省了一大笔中介费，还规范了车货配载市场的收费标准与行为。同时，车主、货主在车货匹配平台发布信息，双方找到适合自己的资源后可在线沟通，不仅节省了人工寻找资源进行匹配的时间成本、人力成本，还提高了经济效益。

（3）整合物流资源。车货匹配平台促使车源企业、货源企业专注于自己的核心业务。这类平台借助新技术让车源、货源实现智能匹配，降低成本，并利用智能化、便捷化的功能吸引用户进入，从而衍生出增值服务，使平台效益得以有效提升。

（4）推进节能减排，改善环境。借助车货匹配平台，车货供需双方可在最短时间内实现成功匹配，促使交通运输资源实现优化配置，从而降低货源车辆的空载率，实现节能减排，为环境改善做出应有的贡献。

车货匹配平台的现状与问题

◆ 我国车货匹配信息平台发展现状

随着我国交通基础设施建设日渐完善，再加上电商崛起促进资源在全国范围内的高效流动，使物流运输步入高速发展快车道，而在技术、政策、资本、市场需求等多种利好因素驱动下，实现车货无缝对接的车货匹配信息平台如雨后春笋般大量涌现。除了APP外，得益于较低的开发及运营成本，能够为司机实时提供货源信息的公众号与网站也保持快速增长。

车货匹配信息平台规模庞大，类型多样，随着市场竞争日渐加剧，行业开始进入整合期，以下几种类型的车货匹配信息平台发展前景尤为广阔：

(1) 公路港型，天地汇、传化物流是典型代表。

(2) 同城型，云鸟配送、1号货车是典型代表。

(3) 长途整车型，好多车、福佑卡车是典型代表。

(4) 长途干线型平台，运满满、运策网、物流小秘是典型代表。

由于盈利模式不清晰，车货匹配信息平台普遍对融资有较高依赖性，部分平台本身是大型物流企业自建平台，在资金、人才、技术、用户等方面有明显优势，发展速度相对较快。目前，大部分车货匹配信息平台提供的服务是简单的交易撮合服务，通过地推、赠送加油卡等方式吸引货主、车主入驻，但因为服务意识缺失，很难建立较高的用户忠实度，发展效果并不理想。

◆ **我国车货匹配信息平台存在的问题**

(1) 服务与诚信问题

以平台通过地推方式吸引货主及车主进入平台为例，平台按照吸引用户数量为地推人员提供相应的奖励。在这种情况下，大部分地推人员不会考虑用户质量，甚至让那些不符合平台要求的用户进入平台；同时，为了保持较高的用户活跃度，平台对用户发布信息的真实性缺乏有效审核，导致车主与货主难以高效匹配。长此以往，造成用户大规模流失。

(2) 对资本的高度依赖，盈利模式不清晰

以两大车货匹配信息平台货车帮和运满满为例，2016年4月，货车帮成功融资3500万美元；12月，又完成1.1亿美元融资；2017年8月，B轮融资累计3.27亿美元。2016年6月，运满满完成5000万美元C2轮融资；同年12月完成D1轮1.1亿美元融资；2017年9月，完成D3轮1.2亿美元融资。

2017 年 12 月 27 日，在地方政府、投资方的支持下，货车帮和运满满宣布进行战略合并，成立满帮集团。2018 年 4 月，满帮集团宣布完成 19 亿美元融资。

车货信息匹配平台服务意识缺失，难以建立成熟完善的盈利模式，只能依靠长期融资维持生存。但我们知道这种发展模式是不可持续的，成功盈利不但可以维持平台基本运营，还能让平台有足够的资金完善服务，给用户带来优良体验，实现良性循环。

（3）平台缺乏可靠的支付方式，用户流失大

支付安全问题无疑是车货匹配信息平台的重中之重，然而很多平台支付体系不完善，难以让车主与货主方便、快捷、安全交易。车主担心送货后被货主拖欠运费，货主担心车主卷货失联，使平台用户活跃度逐渐降低，给平台发展带来重大阻碍。

（4）行业标准化低，市场推广难

目前行业尚未建立统一的服务流程、运输价格、结款方式，同时，装车、卸货环节不规范问题，导致平台交易很难提供有效凭证，市场推广难度大、成本高。

（5）信息系统不完善

人才、资金、技术等资源不足，导致部分车货匹配信息平台信息化水平较低，无法让货主及收货方方便快捷地对货物运输全流程进行实时追踪。与此同时，车货匹配信息平台未能建立智能化的供需匹配体系，车主及货主制定决策前需要耗费较多的时间权衡利弊，给平台发展带来重大阻碍。

车货匹配信息平台发展策略

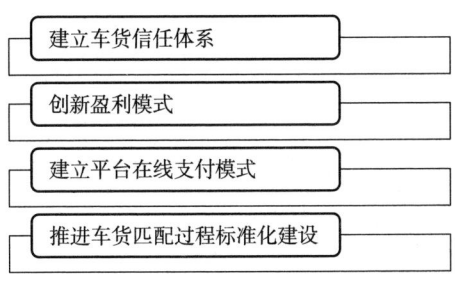

图 5-3 车货匹配信息平台发展策略

◆ 建立车货信任体系

车货匹配平台要严格执行实名认证制度。在推广阶段，平台要借助实名认证制度采集车主、货主的真实信息，限制资质不符的车主或者货主进入平台。以运满满为例，该平台会在线下对想要进入平台的货主、车主进行人工审核、拍照，线下认证通过之后，车主、货主才能在平台注册账号。同时，运满满还构建了关系图谱，根据用户交易对象、个人信用、长跑线路、评价信息等因素对用户进行筛选，将信用度较高的用户挑选出来。

除此之外，车货匹配平台还要引入保险机制，帮陌生的车主、货主建立信任关系，以解决市场混乱问题。

◆ 创新盈利模式

目前，车货匹配平台的盈利方式主要是收取会员费，方法单一、收益较低，导致平台难以实现可持续发展。为此，平台运营商要根据平台所处的发展阶段寻找合适的盈利模式：在地推阶段通过"补贴"吸引车主、货主进入，为其提供免费服务；到了发展中期，在积累了一定的客户流量之后，平台可采用抽成方式，从每笔订单中抽取一定的费用作为自己的收益；到了成熟阶段，平台可通过开发一些增值服务盈利，如物流增值服务、保险服务、二手车汽配汽修服务等。

例如，罗计物流利用大数据对用户数据进行全面分析，对其中隐藏的规律进行充分挖掘，创造了一种既有利于平台发展，又能被用户接受的盈利模式，值得其他平台学习。

◆ 建立平台在线支付模式

车货匹配平台要想吸引用户必须围绕用户提升自己的信息化水平。交易是否安全在很大程度上决定了用户的去留，为此，平台必须对用户需求进行全面分析，优化平台界面、完善交易方式。比如，车货匹配平台可引入第三方支付平台辅助车主、货主开展在线交易，维护交易安全，以实现用户留存。除此之外，车货匹配平台还可为用户提供多元化的物流金融服务，对车后市场进行全面开发，为车主、货主带来各种便利。

◆ 推进车货匹配过程标准化建设

首先，要实现信息传递的标准化，利用互联网技术与大数据收集平台数据，对数据类型进行划分、归总，通过标准化提升车货匹配效率；其次，规范装车、卸货环节的开展流程，节约装卸时间，要想实现这一目标就要对车型、车重、车长等基本运力进行规范；再次，规范运输价格，通过对各地区、各时段的去程、返程配货概率进行预测，以实时供求关系为依据创建合理的价格形成机制、价格明细公开机制；最后，规范结款方式，鼓励车主、货主开展智能化交易，用户只要在平台完成注册就能享受便利的支付与结款服务，还可利用信息技术对交易过程进行全面监督，促使交易过程透明化。

归根结底，车货匹配平台就是一个信息终端，其运行、发展要以线下资源与服务为支撑，对平台开发技术并没有太多依赖。借助个性化设计，车货匹配平台可带给用户优质的体验。但用户必须认识到一点：车货匹配平台的核心是服务，物流是一个由很多环节构成的复杂的系统，单靠APP还有很多问题都无法解决。

车货匹配平台有广阔的发展前景，可以有效解决物流信息不对称问题，降低车辆的空载率，对运力资源进行有效整合。随着市场愈发火爆，资本源源不断地进入，身处车货匹配市场的创业企业有些飘飘然，一味采取烧钱扩张战略，很多问题都得不到切实解决。车货匹配平台要想实现更好的发展，必须立足于我国货运市场的实际，脚踏实地，认真解决各种问题。

◎ 罗宾逊：轻资产无车承运人

成立于1905年的美国罗宾逊物流公司（C. H. Robinson，以下简称罗宾逊公司）作为一家国际顶级3PL（第三方物流）服务商，在上百年的发展过程中逐渐建立了覆盖北美、南美、亚洲、欧洲、大洋洲及中东地区的全球物流服务网络，超过6.6万个运输服务供货商与之建立了合作关系，能够为客户提供生产采购与信息咨询服务，以及完善的货物运输和物流业务外包解决方案。

罗宾逊公司根据具体业务选择合适的承运人完成运输作业，是无车承运人鼻祖，致力于通过技术、流程创新，促进全球供应链提质增效，提高运输水平，使客户与供应商享受极致服务。信息技术、人力资源及流程是罗宾逊公司实现无车承运的关键所在，也是罗宾逊公司可续发展的不竭动力。

◆ 信息技术

罗宾逊公司和知名技术开发商合作，打造独具特色的全球技术平台Navisphere。同时，为了保障该平台的领先优势，长期投入大量资金进行技术研发，平均每年研发投入高达5000万美元。Navisphere平台能够让罗宾逊公司用户实现全球范围内的门到门可视化物流追踪，提供定制化的车货匹配服务，充分满足用户的个性需求。

国内大部分中小车货匹配信息平台由于资金所限，APP功能与服务并不完善，甚至部分平台APP是抄袭竞品而来。当货物运输遇到突发情况时，货主、收货人等无法及时了解信息，更不用说采取有效的应对策略，平台价值仅限于交易撮合方面。未来，还需要平台方在这方面做出更多的努力。考虑到成本因素，让中小车货信息匹配平台建立类似Navisphere平台的技术平台是不现实的，而且中小平台用户规模有限，建立大型技术平台会造成较大的资源浪费。更为可行的方案是，和强大的物流云服务商合作，租用后者的物流云服务。

◆ 人力资源

尤其强调用户服务体验的罗宾逊公司拥有超过1.15万名具备专业技能与较高综合素质的优秀员工。罗宾逊公司高度重视人力资源建设，建立了完善的人才培养体系，通过员工持股，激发员工工作积极性，使其树立责任感与使命感，在保障员工利益的同时，也能进一步提高股东收益。国内车货匹配信息平台以中小平台为主，组织规模相对较小，在资金有限的情况下，可以采取类似技术云的方式，发展人才云，以合作共赢的理念和外部优秀物流人才合作，共同为用户创造价值。

◆ 流程管理

物流运作流程包括一系列环节和多种要素，而且随着客户需求愈发个性化、多元化，实现物流服务的定制化，并积极开展物流服务创新显得尤为关键。罗宾逊公司以用户为中心，基于用户需求，推出 PTI（流程变革与整合计划），对物流运作流程进行持续优化完善，在为用户提供优质服务的同时，有效降低运行成本，提高供应链整体效率。

目前，国内很多平台内控机制建设滞后，内控流程不合理，给用户体验带来了较大的负面影响。想要解决这一问题，需要国内车货匹配信息平台借鉴行业领头羊标准，进行微创新。因为不同车货信息匹配平台业务存在一定差异，内控流程也应该有所不同；同时，也要做到与监管政策的一致性。为了规范行业持续稳定发展，监管部门可能会在结算方式、交易审核等方面设定标准，平台需要将这些标准及时纳入流程管理体系之中。

物流行业是一个重资产行业，市值超过 6000 亿美元的物流巨头——联合包裹固定资产占比达 50% 以上。而罗宾逊公司是一个另类，其物业、厂房、设备等固定资产投入较少，是一家少有的"轻资产"物流巨头。

对比两家的流动资产构成，联合包裹应收账款在总资产中占比不足 20%，而罗宾逊公司这一数字却超过了 50%，这很大程度上是罗宾逊公司的"无车承运人"模式造成的。在为货主承运的过程中，需要垫付一定费用，因而造成其应收账款过高。

应收账款是一把双刃剑，它使实际承运人的结账需要得到满足，体现了无车承运人的价值，提高了物流运输效率，但这会让无车承运人承担较高的财务压力。当然，采用"无车承运人"模式的物流企业可以通过融资方式将部分风险转移给投资方。一位采用"无车承运人"模式的企业管理者曾经在朋友圈中吐槽，企业日订单量400单，平均每单垫付1万元，一个月应收账款就达到约1.2亿元。

虽然很多车货匹配信息平台订单量保持在一个较高的水平，但企业管理者并不能因此而放松，因为迫于较高的财务压力，必须要寻找合适的资本方持续融资。在资本寒冬期，投资方格外保守谨慎，为了控制风险，普遍选择投资那些已经建立一定领先优势，拥有较高知名度的企业。从这一角度看，那些号称日订单上千的"无人承运人"企业恐怕根本没有发挥无人承运人的作用，仅是提供撮合交易服务，而没有参与结款环节，毕竟，能够得到资本方大力支持、可以垫付大量货款的企业仅占很小的比例。

5.2 多式联运信息平台的建设思路与策略

◎ 多式联运的主要形式与分类

多式联运是一种应用两种及以上运输工具完成运输作业的运输方式，和单一运输方式相比，在效率、成本等方面具有明显优势。早期的多式联运主要是从集装箱运输衍生而来，标准化的集装箱可以通过公路、铁路及水路联合运输。随着运输业不断发展，运输工具的协同联动更为方便快捷，运输方式的融合应用更为高效低成本，使多式联运的价值得到充分发掘，受到了世界各国的高度重视。

物流数据是物流运输中的一项核心要素，它能够让物流交易各方实现对货物位置的实时追踪，是物流作业能够顺利完成的重要保障，在路线制定及优化等方面具有极高价值。所以，在发展多式联运过程中，必须充分保证物流数据的真实性、可靠性、时效性，为此，我们需要打造基于现代信息技术的多式联运信息平台，对物流节点数据和信息系统进行高度整合，提高运输流程运行效率，降低运输成本。

◆ 多式联运的形式

主流多式联运形式包括以下三种：

（1）驮背式运输。这种形式具有经济便捷、节能环保、安全可靠等优点，在欧美国家得到广泛应用，是一种公路与铁路运输结合的运输方式，将装满货物的卡车直接开上火车，到达目的地后，再从火车上开下运往指定位置。

（2）卡车渡运、火车渡船以及集装箱船等多式联运，往往涉及水路长途运输，能够充分发挥水运的低成本优势。这种运输形式又可以被分为两类：一类是卡车拖车、铁路车或集装箱装在货运轮船上，由货运轮船完成长途运输，剩余短距离运输由公路运输完成；另一类是通过远洋运输和铁路运输相结合的路桥，在"环太平洋—欧洲"航线运输中应用较为广泛。

（3）航空货运和卡车运输结合的多式联运。航空货运更多的是将货物从一个机场运输到另一个机场，发货地到机场，机场到目的地这两段距离都需要卡车运输。

◆ 多式联运的具体分类

在应用实践中，多式联运包括协作式和衔接式两类：

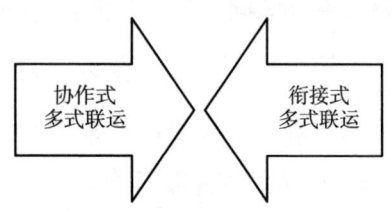

图 5-4　多式联运的具体分类

（1）协作式多式联运。这种联运方式强调运输过程中，两种及两种以上运输方式的物流企业根据固定规章制度或签订的协议进行合作，将货物从始发地运输到目的地。承运人根据托运人的个性化需求进行货物接收，并签署相应的运输单据，运输作业、运输过程衔接、货物交付、售后服务（比如货物损坏赔偿）等都由承运人负责。在这种情况下，每个承运企业既要对货主负责，还要对下一环节的承运企业负责，促使承运企业相互监督，有效明确各方权利与责任，提高整体运输效率。

（2）衔接式多式联运。这种联运方式是指一个多式联运企业负责组织多种运输方式将货物从始发地运输到目的地。运输过程中，承运人要具备从业资质，并独立承担运输责任。衔接式多式联运将运输组织和运输生产进行分离，多式联运企业负责运输组织，承运人负责实际运输，迎合了社会化大生产趋势下的专业分工原则，有助于保障运输质量，方便承运人和货主交接。

◎ 多式联运平台建设的必要性

多式联运的全称是国际多式联运，指的是以国际多式联运合同为依据，采用两种及两种以上的运输方式，将货物从一国运送到另一国的货物运输方式。多式联运是在集装箱运输的基础上发展起来的，所以经常以集装箱为运输单元，通过不同运输方式的组合实现货物连续运输。通过一次托运、计费、单证、保险让各运输区段的承运人相互配合，共同完成货物运送。

目前，在国外发达国家，多式联运，尤其是集装箱海铁联运应用水平较高，荷兰、美国、德国等国已将信息技术引入集装箱运输，特别是EDI技术，还创建了EDI国际集装箱信息网络系统。这样不仅提升了多式联运信息传输效率，促使信息实现了共享，还推动各种运输方式实现紧密衔接，使集装箱运输的各种优点得以全面发挥。

在国内，多式联运各部门开始关注自己领域的信息化建设，取得了不错的成绩，信息化程度有了明显提升。但因为各系统之间没有建立统一的信息协调平台,各系统独立运行,导致多式联运的整体信息化水平不高。一直以来,多式联运信息在港口、托运人、铁路部门、代理人等运输主体间流通不畅,使多式联运的优势无法得到充分发挥,无法有效满足现代物流发展需求,也不利于现代物流行业发展。

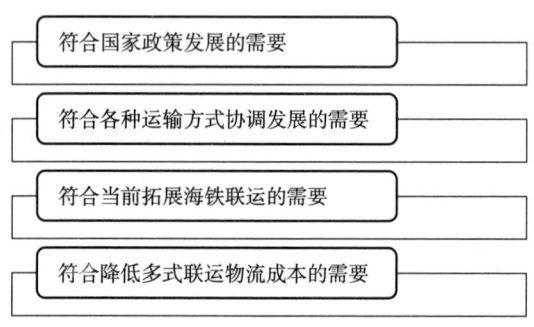

图 5-5　多式联运平台建设的必要性

◆ 符合国家政策发展的需要

目前,从全球范围来看,信息化是必然发展趋势,是推动经济社会变革的主要力量。《2006—2020 年国家信息化发展战略》明确提出,要利用信息技术对传统产业进行改造,尤其是高能耗、高物耗、高污染企业,对供应链管理、客户关系管理产生强有力的推动作用。

◆ 符合各种运输方式协调发展的需要

多式联运信息平台可改变传统条块管理运输方式,对集装箱多式联运管理办法与模式进行创新,鼓励多式联运各主体相互配合,消除过去那种各自为战的运输状态,提升多式联运的运输效率与效益。多式联运信息平台是在公共信息服务体系的基础上面向公众建设的,具有标准统一、安全可靠、功能完善的特点,可打破各部门间的信息传递障碍,对各种运输方式进行协调,实现运输资源的优化配置。

◆ **符合当前拓展海铁联运的需要**

海铁联运有诸多优点,如中间环节少、运量大、准时、可进行异地报关、可降低货物转载时间与成本、绿色环保等。基于这些优点,海铁联运逐渐成为一种最受欢迎的运输模式。自2003年以来,在全球港口集装箱吞吐量排行榜上,我国一直位居第一,集装箱吞吐量占比超过40%。这些集装箱货物,84%采用了公路运输,14%~15%采用了水路联运,1.5%采用了海铁联运。在国外发达国家,海铁联运占比为20%~30%,说明我国的海铁联运与欧美等发达国家还存在一定的差距。

◆ **符合降低多式联运物流成本的需要**

综上所述,我国超过80%的货物采用了公路运输,公路、铁路、水运、航空这四种运输方式之间的联网运输能力较差,在很大程度上增加了物流成本。相较于发达国家来说,我国物流成本在国内GDP中的占比要高很多,物流成本过高导致工业制造业的竞争力较弱,使我国经济发展深受制约。而集装箱多式联运公共信息平台实现了物流企业、工业制造企业的无缝对接,将这些企业联结在一起形成联盟,为物流企业多、小、散等问题提供了有效的解决方案。同时,该平台还提高了车源与货源的匹配度,使多式联运更规范、更专业、更集约,使多式联运效率与效益得以大幅提升,使社会物流总成本有效降低。

◎ **多式联运信息平台架构分析**

多式联运信息化的发展离不开信息技术,多式联运信息平台的构建无疑是信息技术在多式联运领域的成功应用。对于多式联运信息化来说，信息技术是核心内容、关键要素。要想解决多式联运的信息化发展问题，对信息数据进行集成管理是关键。

◆ 用户分析

多式联运涉及范围较广、用户较多，比如港口集装箱多式联运信息平台的用户包括运输企业、从事进出口贸易的货主企业，电子口岸系统、国检系统等系统，保险、银行及政府监管部门等服务机构。

◆ 信息功能

（1）物流中心信息平台

现代物流是信息网络与综合运输体系物理网络相结合形成的，利用信息技术将各种交通运输方式联结在一起，促使货物实现连续、高效、安全的多式联运，并对整个运输过程进行一体化管理。物流中心信息化建设的目标是建设现代化物流，将货主、客户、运输公司、内外贸公司、仓储公司、生产单位、供销单位联结在一起，共同致力于物流中心信息平台的开发、建设、管理、经营，借现代化信息系统开展网上交易，集中办理各种手续。

（2）港口管理信息平台

根据港口管理法律法规，港口管理部门需规划港口建设，做好港口维护、经营及安全监督等工作。港口管理信息平台可提升各项工作的开展效率，让港口经营者、货主、船主享受更优质的服务，可改善港口行政管理部门的工作质量，提升其工作水平，与其他港口的管理信息平台对接，共享数据，提升通关效率。

◆ 政府监管及金融服务信息

这些信息的内容非常丰富，包括海关检验检疫局信息、边检信息、海事局与港口局的监管信息、工商税务信息以及银行和保险机构的金融服务信息。

现如今，我国多式联运虽然已经进入快速发展阶段，但仍存在很多问题，比如各部门各自为政，信息化水平不高，等等。通过多式联运信息平台的建设，运输各环节可实现紧密结合，实现信息共享，进而提升运输效率，推动多式联运快速发展。

◎ 多式联运信息平台建设思路

◆ 构建多式联运信息平台的现实需求

我国经济快速稳定发展，对物流运输业发展提出了更高的要求，庞大的运输量、个性化的运输需求，需要大力发展多式联运，广泛开展运输服务创新。和传统单一的运输方式相比，多式联运能够简化运输手续，降低运输成本，提高运输服务水平与质量。但多式联运对实时物流信息的高效精准获取、分析及应用有较高的依赖性，为此，必须建立一个成熟完善的多式联运信息平台。

◆ 多式联运信息平台建设目标

多式联运信息平台涵盖了多种类型的信息管理系统，是一个庞大而复杂的综合性物流服务系统，能够及时响应用户需求，对数据进行实时更新，发挥数据资源高度集成带来的规模效应，为多式联运运输作业的组织开展提供强大的数据支持。

多式联运信息平台是按照一定的技术标准与业务流程设计建立的，应用了移动互联网、大数据、云计算等新一代信息技术，具有跨系统、实时联动、多源异构等特性。通过物流信息高效自由流动，实现部门、层级、组织之间的协同联动，提高物流作业自动化水平，实现物流运输的提质增效。

整体来看，多式联运信息平台的价值在于：通过物流信息整合与共享，提高多式联运运输系统全流程信息服务质量，以及多式联运运输作业效率。在这种情况下，多式联运信息平台建设应该达成以下目标：

（1）打造港口运输区域多式联运信息管理系统，实现对运输作业参与个体与组织的基本信息、港口区域信息及货物接收信息等多种信息的统一管理。

（2）实现信息管理系统对接端口标准化，为信息管理系统无缝对接提供有力支持，促进物流数据的流通共享，深度释放其潜在价值。

（3）利用物联网、传感器、云计算等技术，实现物流信息实时共享，对多式联运信息管理系统功能及服务进行持续优化，让物流参与各方都能够对物流过程全程追踪。

◆ 多式联运信息平台的建设思路

（1）和国际标准对接，实现信息共享与交换标准统一。在多式联运信息平台建设与运行过程中，会涉及一系列的物流节点数据，根据运输作业个性需要，对物流节点数据进行搜集、分析、应用，而数据分布在不同的物流信息管理系统之中，必须要有统一的数据代码标准、共享交换机制等，才能为物流运输作业提供有力支持。

（2）设计物流信息交换引擎。按照数据标准代码，应用电子数据交换技术构建完善的物流信息交换平台，从而更为高效地完成跨国贸易、跨国结算及物流通关。同时，应用可扩展标识语言技术对搜集到的物流节点数据进行智能化筛选、转换、存储，使电子单证在各部门、各组织间高效流通，实现对多式联运作业全程记录与追踪。

（3）设置多源异构数据接口。通过设置多源异构数据接口，促进各物流节点信息系统数据共享交互，在充分考虑数据库结构特性的基础上，对物流数据资源进行统一筛选、整合、关联，完善多式联运信息平台的功能与服务，充分利用海量多源异构数据的集聚效应，挖掘多式联运海量物流节点数据的潜在价值。

5.3 供应链管理云平台的模式运营与策略

◎ 从供应链1.0到4.0的进化

在阿里研究院于2017年3月举办的"2017中国电商与零售创新国际峰会"中,国内、国际零售业大咖云集,分享了不同视角的一系列新思维、新观点、新玩法。而阿里研究院在峰会上发布的《新零售研究报告》更是受到了广泛关注,有的人为阿里巴巴对零售业的深刻洞见及深入布局而由衷敬佩,有的人则质疑阿里巴巴炒作新概念,用一系列新名词解释"新零售"这个尚未被广泛认可的新概念。

在用户主导的新消费时代,包括零售在内的所有行业都应该回归商业本质,追求更高的效率、更低的成本,为用户创造更多的价值。零售业的模式及玩法虽然经过了多次转变,商品及渠道得到了极大的丰富,但其人、货、场的本质始终没有发生变化。

当我们放大到产业链的整体视角便不难发现,零售仅是完成商品交付的最终环节,要想更加高效、低成本,为用户创造更多的价值,需要供应链各节点企业的共同参与。因此,在新零售时代背景下,不仅要关注零售环节,更要关注整个供应链系统,探索其转型升级之道。

供应链可以看作一种以满足最终用户需求为目的，由产品生产及流通过程中的供应商、生产商、分销商、零售商、物流服务商等节点企业共同参与的网络结构。随着科技与生产力的不断提升，我国供应链模式也发生了一系列变革，交易主导权的更迭，最终使零售商成为供应链的主导者。具体来看，我国供应链模式的演化历程包括以下几个阶段：

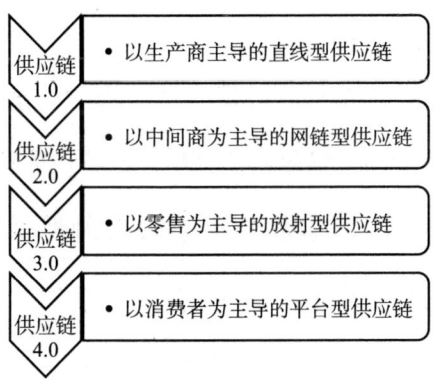

图 5-6　从供应链 1.0 到 4.0 的进化

◆ **供应链 1.0：以生产商主导的直线型供应链**

供应链 1.0 时代也是计划供应链时代，在产能不足、购买力有限的计划经济背景下，供应链必须根据产能制订销售计划，政府职能部门对生产资料及消费品的采购、供应、物流、结算等进行统一协调控制。各单位都要制定明确的生产指标，然后在该指标的基础上制订销售计划。

供应链的运作也受到生产指标的影响与控制，供销社将标准化的产品提供给广大民众，基本不存在渠道商，整个供应链是一种单链状的直线式拓扑结构，商品流、资金流、信息流及物流单向线性流动。曾经在全国范围内风靡一时的天津无线电厂生产的"北京牌"

黑白电视机，就是计划供应链产品的经典代表。

◆ 供应链2.0：以中间商为主导的网链型供应链

供应链2.0时代也是产品供应链时代，随着生产力的提升及经济体制的变革，市场活力得到进一步释放，企业积极性显著提高，商品交易规模及频率持续增长。中间商在供应链2.0时代扮演着十分关键的角色，它通过对接生产商和零售商主导交易，建立一种多方共赢、互惠互利的合作关系。

供应链运作围绕产品展开，供应链结构由网链状取代单一的直线式拓扑结构，资金流、信息流及物流多源线性流动。

◆ 供应链3.0：以零售为主导的放射型供应链

供应链3.0时代也是信息供应链时代，生产力大幅度提升，商品品类日益丰富多元，各行业开始出现不同程度的产能过剩，交易主导权回归用户。人们的消费观念及习惯也发生了重大变化，不再简单地追求性价比、功能，而是强调商品品质、服务及体验。为了更好地适应人们的消费需求，强调服务与商品品质的会员店、专卖店、购物中心等开始大量涌现。

信息在供应链运行中扮演着十分关键的角色，上游厂商为了避免库存积压，开始尝试根据零售商的反馈信息及自身搜集到的需求信息，从设计、工艺、包装、数量、功能等维度"以销定产"，同时为了满足个性需求，由柔性生产取代大规模批量生产。在移动互联网去中心化作用下，渠道商等中间商大幅度减少，供应链结构转变为需求驱动的放射状网络。

◆ 供应链4.0：以消费者为主导的平台型供应链

供应链4.0时代也是价值供应链时代，供应链运行强调为客户创造价值，实现生产、零售、物流等各节点企业间的统一协同管理，共享资金、技术、媒介、渠道等各类优质资源，打造互惠互利、共创共赢的闭环生态。在消费升级的时代背景下，产品更新迭代速度越来越快，追求个性与品质的定制消费迎来快速发展阶段，催生出了一系列垂直领域的、满足长尾需求的利基市场。

供应链整合程度显著提升，提高了各节点企业的协作水平及质量，使它们通过多种商业逻辑连接成为利益共同体乃至命运共同体。实时数据交换是供应链高度整合的关键所在，各类数据被实时存储到云端，通过大数据、云计算等技术处理后，可以为供应商、生产商、零售商、物流服务商等各节点企业的管理决策提供强有力支持，促使资源在供应链中的高效配置。

大数据在供应链运行中扮演着十分关键的角色，由"以需定产"取代"以销定产"，供应链结构转变为基于大数据的平台网络结构，阿里巴巴、亚马逊凭借自身在交易数据规模及云计算技术等方面的领先优势，积极打造平台型供应链，使其未来的商业空间得到了极大的拓展。

◎ 供应链变革背后的驱动因素

商业形态变革是供应链变革的核心所在，消费、技术、零售等商业形态重要组成因素的变化都会对供应链产生关键影响。

◆ 消费的拉动：新长尾模型

大众需求与小众需求是同时存在的。在购买力低下、生产力有限的背景下，人们的个性消费被抑制，大众需求居于绝对主导地位；而如今，小众需求大量涌现，受到了越来越多商家的高度重视。移动互联网时代的消费需求的长尾效应尤为突出，引爆流行的大众需求位于头部,而满足个性需要、零散的小众需求位于尾部,从而在需求曲线上形成一条长尾。得益于小众需求的多元化,如果将大量位于尾部的小众需求整合起来,将会出现一个市场空间超过大众需求的长尾市场。

在用户主导的新消费时代,消费者通过社交媒体联合起来,共同对商家施加影响,需求日益个性化、多元化,小众需求集中爆发,市场精细化程度不断提升,需求曲线的长尾被进一步拉长,催生出了一种新长尾模型。商家提供的商品与服务要精细化到小众群体甚至个体,定制化地满足个性需要。打造柔性供应链,提高设计、生产、制造、物流等环节的灵活性、适应性成为提高供应链价值创造能力的关键所在。

◆ 零售的倒逼:零售渠道云转型

在新零售背景下,数据和商业逻辑的有机融合赋能零售渠道,使传统零售业态的经营管理决策得到数据的强有力支持。在这个过程中,也将催生出一系列新型服务商及新兴零售业态,科技的快速发展使零售能够覆盖人们日常生活与工作中的各类场景。

零售"人、货、场"三大核心要素将会被重构,零售渠道迎来云转型阶段。在大数据的支持下,实现线上与线下深度融合的O2O模式将成为零售业主流商业模式,实体门店的顾客可以被引导至线上网店,而网店的顾客可以被引导至线下实体门店,商品、库存、用户等经营管理实现线上、线下一体化。

传统工业时代的商业体系形成了流通、批发及零售市场,以及生产、制造和经营市场两大市场。然而,随着移动互联网的大规模普及,供应链的生产、营销、销售、消费等环节被打通,要想在零售环节取得良好业绩,不但要做好零售工作,更要有设计、制造、物流等环节提供的强有力支持。

直面消费者的供应链前端零售商成为获取用户及市场数据的重要载体及用户体验中心，同时，为了强化为用户创造价值的能力，还要向供应链后端拓展，对设计、制造、包装、物流等环节进行持续优化完善。将焦点集中到供应链单一环节，很难让企业获得成功，各参与企业需要协同联动，追求"产销一体化"，通过联营模式使生产企业和销售企业高效协作，打造出无缝对接用户个性需求的垂直型销售系统。在此基础上，整个供应链将会变短、变轻、变快，通过快速迭代适应动态变化的市场环境及消费需求。

◆ **技术的推动：新工业革命**

新技术在供应链领域的应用，不但推动供应链革新，还将引发新一轮工业革命，尤其是移动互联网、人工智能、AR/VR、物联网等技术的应用，使商业基础设施的数字化、信息化水平得到显著提升。在传感器、RFID、大数据、云计算等技术的支持下，商家能够对用户数据进行实时搜集与处理，为其描绘立体化的用户画像，在满足现有需求的同时，挖掘其潜在需求，使以用户为中心的理念得以真正落地。

如果缺少新技术的支持，新零售根本不具备落地基础。在零售场景中，人们随身携带的智能手机、PAD等移动终端将会发挥十分关键的媒介作用，设计、制造、物流等都将基于其提供的数据得到优化完善。

此外，在新技术的支持下，C2B定制模式具备了落地基础，敏捷制造、柔性生产等制造模式被越来越多的商家所采用。在消费拉动、零售倒逼及技术推动的共同作用下，实施供应链转型是企业的必然选择，也是企业从激烈的市场竞争中脱颖而出的关键所在。

用户主导下的云供应链模式

在新零售时代,供应链云化将成为供应链4.0的主流趋势。数据等资源被存储并整合到云端,智能控制系统利用人工智能、大数据、云计算等技术对供应链的运行提供强有力支持。零售端、生产端及云端都将对供应链结构变化产生关键影响,数据成为连接的载体,云计算成为核心驱动力,供应链上下游企业共同为消费者创造极致购物体验,来促成用户转化及口碑传播。

云供应链(Cloud Supply Chain,CSC)是供应链转型升级的必然选择,生产及零售数据将会被实时存储到云端,云端的智能控制系统为生产端决策提供支持,实现按需生产、按单交付。

◆ 零售端:场景革命

在云供应链中,零售端将会出现覆盖人们日常生活及工作方方面面的各类消费场景。便利店、专卖店、百货中心、购物中心等实体零售业态,官网、线上商城、APP等线上零售业态,以及视频网站、直播平台、智能终端等各种和人们生活关联的事物都将成为消费场景。

在移动互联网、人工智能、AR/VR等技术的支持下,线上与线下、虚拟与现实之间的边界变得愈发模糊,人们的购物消费将不会受到时间、空间的限制,商品有了丰富多元的展现渠道及方式,消费者可以通过多种媒介体验商品及服务。

场景在两个方面的价值尤其得到企业的高度重视:一方面是数据搜集作用,消费者数据将会被实时存储到云端数据库,从而满足其现有需求并挖掘其潜在需求;另一方面是和消费者进行深度互动的体验终端,为促进消费者购买转化及口碑传播提供有力支持。本质上，数据对企业的价值在于更好地理解并满足消费需求，而消费场景构建及运营将使数据的这种价值得到充分体现。

阿里巴巴、国美、苏宁等零售企业都在积极推进零售端的场景革命。以国美为例，国美提出的"场景革命"及"全零售生态圈"战略将国美电器升级为集展示、体验、营销、销售、售后等诸多功能为一体的超级门店；同时，国美积极布局全渠道，通过差异化、个性化的消费场景刺激用户购买转化及口碑传播。

除了零售业态外，未来的门店还将整合餐饮、文娱（如电竞、网咖、影院等）等诸多跨界业态，让消费者不仅能够购买心仪的商品，还能获得精神与情感层面的极致体验，提高人们购买积极性，促使其主动在社交圈内进行传播分享。

◆ **生产端：私人定制**

在传统零售时代，企业要想为消费群体描绘出客观、清晰的用户画像是相当困难的事情，调研活动往往以发放调查问卷形式展开，数据客观性、真实性得不到充分保障，而且数据搜集及处理效率低下，难以迎合市场环境及消费需求动态变化的趋势。

而在新零售时代，利用大数据云平台，商家可以全方位地搜集用户年龄、职业、兴趣爱好、购物习惯等各类信息，描绘出立体化的用户画像，从而为商品定制生产、营销、配送等提供有力支持。C2B定制模式受到了越来越多商家的青睐。以红领集团旗下的酷特智能为例，酷特智能推出了服装私人定制服务，经过长达13年的积累，建立起了涵盖上百万版型的数据库，能够充分满足不同用户的差异化需要。

◆ **云端：数据控制中心（DCC）**

在新零售时代，数据将会成为企业争夺的重要战略资源，是企业构建核心竞争力的重要组成部分。在数据的支持下，设计、生产、定价、营销、库存、物流等环节的计划将会更为科学合理，不但为用户提供真正适合他们的优质商品，还能为其创造超乎预期的极致体验。

得益于丰富多元的海量数据，数据控制中心可以实现对用户行为轨迹及生活场景的监测、还原，让商家充分把握用户现有需求；同时，对未来需求进行精准预测，从而让企业围绕用户需求开展经营管理。

大数据、云计算等技术将会实现对需求与供给的高效精准匹配，为生产端的设计、制造提供有效指导与帮助。传统零售时代的以地域、时间展开经营管理工作的运营模式自然变得不再适用。商家搜集用户数据时，甚至不需要消费者的主动参与，通过分析消费者的搜索、浏览、购物车、出行、评论等各类数据，可以在不知不觉中为其描绘用户画像，进而打造定制化的消费场景，促使其购买转化及口碑传播。

整体来看，云供应链可以被视作以用户为主导，通过数据赋能打造个性消费场景，并为用户提供定制商品及服务的流通链。而大数据、云计算等新技术的应用，消费场景变革等，都是为了让商家能够在新消费时代，以更高的效率、更低的成本为用户创造更多的价值。

◎ 物流链云平台的功能与优势

在现代物流蓬勃发展的今天，物流可视化的优势被更多企业所认识。依托物流信息化，物流链利用现代可视化技术，通过实施可视化管理，为企业对物资流通过程中的实时追踪、运输分析、线路规划等提供精准的数据参考,提高企业决策的科学性。

物流领域内的多个环节对可视化技术的应用,统称为物流可视化。具体如对物流信息的获取、传送、汇聚、分类、直观展示等,在整个运作过程中用到的软硬件也是物流可视化的组成部分。

可视性、交互性、多维性是物流可视化的主要特征。通过实施物流可视化,企业运营人员能够从本质上对物流信息进行把握,在此基础上降低信息处理的难度。在物流可视化服务领域具有代表性的企业是物流链云平台(56linked),该平台能够满足客户的多元化需求。

◆ 部署在云端的 TMS 运输管理系统

运用 TMS 运输管理系统,物流链云平台能够对物流运输的各个环节实施管控,实时获取运输途中的相关信息,并负责对车辆资源、承运商、订单信息等进行管理,完成全程追踪、费用结算等工作。

◆ 强大的手机 APP 功能

根据业务发展需要,物流链云平台为司机、管理人员、客户开发了不同版本的移动 APP,能够以优质的服务更好地满足客户的需求。手机 APP 搭配全球定位系统的应用,能够将订单及其对应的车辆连接起来,让客户或跟单员依据单号来追踪货品的运输状态。

面向司机的手机 APP 能够在网络平台接单,与需求方进行沟通互动,方便双方就相关问题进行协商,还能够准确定位。针对管理者的 APP 能够对订单的运行过程进行追踪、记录,及时反馈订单的异常状态,方便管理者监督货物运输情况,借助移动互联网平台的优势,突破地域因素的限制。

◆ 订单调度可视化

物流链云平台能够以可视化方式调度车辆资源，以自动化、智能化方式制定有效的调度方案，在地图上标注收发货位置及其配送路线，方便配送人员及时查看，提高整个调度过程的透明化程度。

◆ 订单状态可视化

物流链云平台能够对配送途中发生的异常情况进行反馈，并提前预测可能发生的异常情况，具体包括签收不及时、温控异常、运送途中长时间停留等。物流链云平台的监控人员能够及时把握这些异常情况，并制定有效的应对方案。

物流可视化能够提高数据应用效率，充分挖掘海量数据中隐藏的商业价值，以更加直观的方式进行数据呈现，促进不同用户、用户与数据之间的高效互动，方便用户寻找、总结数据中隐藏的科学规律，推动企业的发展。

第 6 章
仓储革命：新物流时代的智慧仓储体系

6.1 基于云仓储和云物流的电商物流模式

◎ 电商企业的传统配送模式

现阶段，很多电商平台都在积极创建自己的物流配送系统。比如，京东投资 2000 万元创建了上海圆迈快递公司，用来承接商家的物流配送业务，满足自己的配送需求，而大部分小型商家都将物流配送业务交付给了第三方物流企业。根据国内外统计，电商企业传统的物流配送有三种模式：第一种是共同物流配送模式；第二种是第三方物流配送模式；第三种是自营物流配送模式。

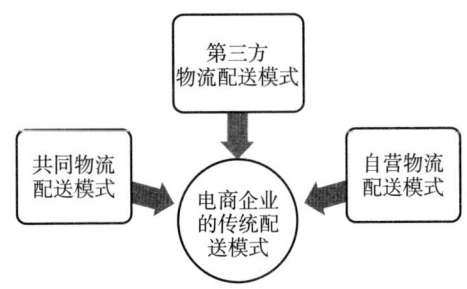

图 6-1 电商企业的传统配送模式

◆ 共同物流配送模式

共同物流配送模式指的是电商企业为实现物流资源、基础设施与设备共享,实现物流合理化,而创建的一种配送联合体。共同物流配送可提升物流资源配置效率,完善企业功能,但它需要物流企业之间高度协调配合,所以操作起来具有一定的难度。因此,这种模式尚未在电商领域实现广泛应用。

◆ 第三方物流配送模式

第三方物流配送模式指的是交易双方将物流配送活动交付给第三方专业的物流企业完成。目前,这种物流配送模式在我国电商企业中使用范围最广、频率最高,被视为最理想的物流配送模式。对于很多电商企业来说,物流配送不是核心业务。通过将物流配送委托给第三方物流企业,电商企业能集中全部资源发展自己的核心业务,从而获得最大化的收益。如果企业盲目地自建物流,不仅不利于自身发展,甚至还有可能拖垮企业。

◆ 自营物流配送模式

自营物流配送模式指的是企业自建物流各环节,对其进行组织管理,满足企业的物流配送需求。自建物流体系虽然能拉近企业与顾客之间的距离,保证物流配送的合理性与时效性,加快资金回笼,但自建物流投入极大,风险极高,且物流体系的运行需要高水平的管理人才,所以,除非是资金实力雄厚、管理水平极高、规模较大的企业,否则不要轻易尝试这种物流配送模式。

现阶段,一些符合上述条件的电商企业正在加紧创建自己的物流配送体系,比如阿里巴巴。作为电商行业的领军企业,阿里巴巴的这一动作将为电商行业带来一种全新的物流配送模式。

◎ "云仓储"与"云物流"融合

根据竞争分析理论，如果一个新兴产业正值发展阶段，各产业链尚未实现有效融合，那由行业领军企业对产业链进行整合效率最高、效果最好。基于这一理论，作为电商行业的领军企业，阿里巴巴自然有责任对产业链进行整合、完善，推动电商与物流实现顺利对接。

从阿里巴巴采取的各种措施看，"云仓储+云物流"模式成为当前最有发展前景的模式。为了更好地理解"云仓储""云物流"，我们先来设想一个场景：某顾客从3家互联网店铺购买了几样不同的产品，结果这些产品在同一天送达，且被装在了一个包裹中。试想一下，顾客是否会对这场网购活动更加满意呢？借助"云仓储""云物流"，这一设想有可能成为现实。

淘宝与星晨急便速递达成战略合作后，对外发布了一种新的仓库战略——实体分仓，就是根据消费者分布对互联网零售行业的仓储网点进行布局，将商家的部分货物提前运送到各个仓储网点。这样一来，商家接到订单之后就可以直接从仓储网点拣货、打包，交由同城快递物流企业就近配送，以切实提升物流配送效率。

在现有的物流配送模式下，电商企业都需要配置自己的仓库。企业接到订单，在自己的仓库对货物进行分拣、打包，运送到第三方物流企业的仓库，之后才能进行配送。这无疑增加了物流配送环节，延长了物流配送时间。如果第三方物流企业是加盟企业，货物还要几经周转才能送到顾客手中。

"云仓储"模式对整个社会的物流资源进行了整合。该模式落地后，阿里巴巴将构建一个社会化的仓储服务平台，为物流企业、淘宝商家、电商网站服务。从长期看，整个仓储体系将为电商商家、消费者带来极大的便利，将使商品流通速度与效率得以大幅提升。

为了与"云仓储"配合，阿里巴巴在信息平台建设方面引进了"云物流"计划。"云物流"计划是一种介于直营与加盟之间的模式，采用直营的方式管理，同时也创建了一个公共的信息集成平台，让进入该平台的电商企业可共享信息。

物流以信息化为基础，将信息、企业、客户连接在一起，支持运转中心、终端加盟商更好地开展经营管理活动，从而提升快件流转速度与效率。对于"云仓储"来说，"云物流"信息平台是基础，只有通过信息整合、分类、共享，才能按照订单信息对商品进行分拣，开展有效配送。

"云仓储"与"云物流"相结合，有利于物流信息流与商品配送实现有效配合。"云仓储+云物流"模式对仓储环节（物流产业链的核心环节）进行有效控制，将运输环节外包出去，以突破物流行业发展困境。当前，在国内物流体系尚不完善的情况下，阿里巴巴的"云仓储+云物流"模式具有非凡意义。假如阿里巴巴能借此掌控物流链的核心，进而以此为基础对整个产业链进行整合，就能在国内物流体系逐渐完善之后将仓储以外的物流环节外包出去，推动整个物流行业突破发展瓶颈，引领电商行业的发展。

◎ 云物流平台模式的设计与运营

电商企业要想实现线上交易、线下交货，必须构建一个良好的信息系统，尤其是规模庞大、结构复杂的电商企业。而对于物流系统来说，其好坏则需要物流信息化程度来衡量。

星晨急便速递提出的"云物流"模式就是构建一个能将线上商

流与线下物流串联在一起的信息平台。"云物流"以集约化的方式对众多需求信息进行处理，为互联网电商提供了一种更经济、有效的物流方式。同时，"云物流"模式还能对物流、商流进行整合，构建一个统一、完善、高度透明的交易过程。云物流是以云计算为基础构建起来的，同样要按照云计算的方式运作。

"云物流"模式的目标是为政府、物流企业、工商企业、普通用户提供能满足其需求的物流信息，对产品生产、装卸、运输、包装、拆并、配送等环节产生的信息进行有效处理，以物流信息平台为媒介，促使信息快速流转到物流供应链各主体之中。

由此可见，构建"云物流"模式，信息基础非常重要。而信息基础的构建关键要做好三点：一是信息采集；二是信息处理；三是信息传输。

"云物流"要为电商服务，自然也要通过电商获取信息，其中每日的网购订单就是最重要的信息。"云物流"模式的构建还要和电商企业达成合作关系，具体来说，就是"云物流"服务的提供商与电商合作，或者由电商自建"云物流"平台。

在"云物流"模式运行的过程中，信息处理是关键。云计算为物流信息的处理提供了强有力的工具。从广义上讲，云计算指的是服务交付与使用模式；具体指，以易扩展的方式获得所需服务，这里的服务涵盖而非常广，包括 IT 服务、软件服务、互联网相关服务等。

云计算利用互联网对计算机处理程序进行分解，将其拆分成无数小程序，再由多部服务器组成一个庞大的系统，对信息进行搜寻、计算之后将结果传送给用户，从而在极短的时间内处理亿级信息。

"云物流"引入云计算，创建电商物流数据库平台，帮卖方处理海量运单，对下游运输渠道进行有效管理。同时，"云物流"通过对订单信息进行分析、处理,还能帮电商、物流服务商决定仓库如何选址、如何布局、库存如何设定等问题。

信息传输属于信息服务交付环节,根据现有通信技术的发展程度,采用网络传输技术将收集、处理的信息传输给电商需求方,给电商需求方的决策提供有效支持。

◎ 云仓储战略体系的落地与完善

"云仓储"是一种新型的仓库体系模式,借助这一模式,快件可直接从仓库运输到同城快递公司的公共分拨点,从而进行就近配送,以缩短配送时间,让用户享受到更优质的配送体验。"云仓储"的落地很有可能颠覆整个社会的物流生态,给其他企业带来发展机遇及挑战。"云仓储"在落地过程中要面临和普通仓库体系一样的问题,包括仓库选址问题、库存决策问题、仓库数量及规模问题等。"云仓储"战略的推行必须很好地解决这些问题。

经"云物流"分析,我们可以明确各需求点之间的需求流量,进而明确各需求点的需求量。对于"云仓储"战略的落地来说,配送中心的选址问题极为重要。如何从众多的需求点中选出一些地点建设配送中心,最终将这些配送中心连接在一起形成新的配送体系,是一个关键问题。该问题属于多仓库 NP 难问题,可采用启发式算法寻找解决方案。

一般来讲,启发式算法包括遗传算法、模拟退火算法、人工神经网络算法、蚁群算法等。在解决实际问题方面,这些算法都得到了成功应用。其中,遗传模拟退火算法是一种混合算法,该算法将遗传算法与模拟退火算法的优点融合在一起,可以在最短的时间内求得最优解,从而为仓库选址问题提供最佳解决方案,并确定仓库数量。

"云仓储"落地的关键是对消费者的需求特征做出精准预测。只有对消费者需求分布做出精准把握,才能确定仓库规模及库存数量,从而降低物流成本,提升物流服务水平,实现物流效益最大化。至于用户需求分布的把握,则要对"云物流"平台的信息优势进行充分利用,利用云计算进行计算、分析。

除此之外,仓库选址、仓库数量及规模、库存决策等问题也对"云仓储"的落地有着至关重要的影响,并且这些问题相互关联。所以,我们要立足于整体对"云仓储"体系进行分析,致力于降低总成本,实现整体最优。

"云仓储"的建立需要较长的时间与较大规模的投资,并伴随着一定的风险。为降低风险,可借鉴亚马逊的做法,在高峰期将服务器与仓库租赁出去,从而获得一定的收益,降低损失与风险。

无论从用户规模看,还是从交易规模看,淘宝都是电商行业的领军企业。如果淘宝能成功构建起"云仓储+云物流"的物流模式,就能凭借自己的品牌价值与规模庞大的物流需求对物流商的选择进行全面掌控。在网购交易量巨大的当下,淘宝的这一做法与垄断无异。作为电商行业的龙头企业,淘宝将对电商、物流行业的发展产生极其重要的影响,也将为此承担更大的责任。

虽然阿里巴巴一再强调自己"只做平台,不争业务",但淘宝建设仓库的行为依然让第三方物流企业产生了危机感。因为淘宝仓库建成后,货物存储、订单拣选、快件分类等活动都能在淘宝仓库完成,从而分流了物流商的大部分业务,使物流商只能进行短途运输。如果第三方物流企业只能依靠短途运输生存,自然再难与淘宝和平共处。

所以，在淘宝不遗余力地建设自己仓库的同时，第三方物流企业也在拓展新业务，寻找新出路。在此形势下，申通、顺丰、邮政等快递企业可以尝试发展电商业务。在这些企业中，电商与物流可以实现统一发展。因为随着社会需求不断增长，很多电商都计划自建物流，物流不再是专业分工。之所以会出现这种情况，主要是因为电商发展空间广阔，发展速度极快，第三方物流不仅不能适应电商的这种发展速度，还对电商发展造成了一定的制约。原有产业无法成功对接，各主体只能选择包揽全部。未来，对于电商及物流行业来说，为用户提供"全物流"方案是大势所趋。但从目前的发展情况看，这种竞争显得微不足道。

目前，淘宝与第三方物流仍保持着合作关系，大物流、大淘宝战略落地的关键在于要对物流服务提供商做出精准选择。以长远的目光看，淘宝选择的物流服务提供商应该数量较多，且存在竞争关系。在此情况下，淘宝必须以公平公正的态度，按照一定的标准对物流服务提供商进行选择、激励、评估，推动电商与物流产业实现成功对接。否则，这种做法很有可能对电商发展产生严重的制约。

电商的稳定、可持续发展必须解决物流问题，所以，对电商物流模式进行研究至关重要。对于现代物流来说，"云仓储"和"云物流"的电商物流模式无疑是一个重要的发展方向，该模式必将给我国物流行业带来巨大的变革，当然这种变革需要时间验证。

6.2 构建基于智能技术的分布式仓储网络

◎ 分布式物流仓储的运营模式

近年来,迅速发展的市场经济有效促进了国内物流仓储行业的发展,分布式仓储物流体系日渐完善。而现有的基于市场营销的分布式物流仓储体系已经无法满足企业的发展需求,有待进一步的建设。

◆ 企业仓库管理制定合理的仓库决策

要想加速仓库物资的流通,就要提高仓库管理能力,制定合理的仓库决策。这个环节的决策主要由三部分组成:仓库选址、仓库布局以及仓库管理中的物理设计。

(1) 仓库选址方面

借助地点分析技术来确定仓库地址。在此基础上,选择具体的建设地点。在具体选择过程中,应该优先考虑服务是否可得,以及服务成本的高低。采购所需的获取成本是企业选址时不能忽视的重点因素。与此同时,要分析包括保险费税率、税金等在内的设备安装成本与作业成本。企业所属地区不同,其具体成本消耗也不同。所以,应该综合考虑各个方面的因素确定仓库位置,为客户提供便利的仓储服务。比如，冷藏食品分销商通过改变仓库位置，加速运输配送环节的运转，从而降低运输途中的商品损耗及成本消耗。

（2）仓库布局方面

仓库的总平面布局会作用于企业在该环节的盈利能力、储运质量、运作效率、成本消耗等。对企业而言，既不能忽视新仓库的总体布局，又要对老仓库进行改革。企业应该根据地面计划与材料搬运，使仓库布局与仓库作业流程保持一致，配合产品流程的高效运转。在后续发展过程中，需在充分把握企业需求的基础上对仓库布局进行调整。

（3）企业仓库管理中物理设计方面

产品存储是仓库功能的主要体现，从结构设计上来说，仓库的存在就是为了促进产品流通的。所以，在实施仓库管理的过程中，应该对配送的产品进行深入分析，全面把握物资的物流情况，具体如仓库规模、平均重量、产品性质等。

◆ 企业仓库管理实行订货周期盘点

参考80/20法则（帕累托定律），企业要对库存进行清晰的类别划分，利用周期盘点计划实施库存优化，降低企业的库存压力，对物品分布情况进行分析，了解不同物品的周转速度、保质期等。通过周期盘点实现精细化库存管理，可以提高企业的库存管理能力。

◆ 实行储存作业自动化

（1）引进条码技术

在仓库管理环节引入条码技术，对仓库调拨、货品进出库、移库移位、库存盘点等信息进行智能化获取，能够提高各个环节的数据输入精准度，并缩短这项操作所需的时间，争取让企业能够实时收集到库存管理过程中的相关数据，优化企业的库存管理及控制。

考虑到条码识别的操作成本低、速度快，将其应用于物流配送、仓储环节，能够以先进技术手段代替传统的人工劳作。另外，还能够减少人为误差导致的影响，提高工作效率，加速商品运转及流通。

（2）自动化库房有待加强建设

在人工智能技术迅速发展的今天，数据采集及分析技术、条码技术、智能传送带、扫描技术等纷纷涌现，这些先进技术手段结合人工智能技术的应用，促使传统自动化库房向智能化方向转型。

◆ 企业仓库管理安装 WMS 系统

运用仓库管理系统（WMS），企业能够实施精细化库存管理，提高生产效率，加速整体作业。通过仓库管理系统或类似的其他系统，可以将企业的自动识别设备打通。现如今，不少分销商都积极进行相关建设与发展，WMS 技术也率先在仓库中得到应用，实践该模式的企业也的确在改革优化过程中获得了不少益处。

另外，通过应用 WMS 系统，企业能够提高对仓库空间及相关管理设备的利用效率，以先进技术手段代替传统的人工劳作，提高仓库管理的规范化水平。不仅如此，WMS 还能让企业及时了解库存情况，满足客户的产品销售所需，保证其正常的货品供应，同时降低库存压力，优化库存空间的整体利用，为顾客提供全方位的库存管理服务。除此之外，为了最大程度减少仓储环节的成本消耗，企业可以选择建设网络仓库，从各个方面提高仓库的总体效益。

◎ 分布式仓储体系存在的问题

立足于微观角度进行分析，在整个供应链管理过程中，仓储管理发挥着十分关键的作用。原因在于，仓储连接着不同物流环节，具体包括采购环节与生产环节、生产环节与销售环节、批发环节与零售环节等；在从一种运输方式切换成另外一种运输方式时，也要进行仓储。

仓储的运用说明不同环节之间存在不均衡性，而通过实施仓储管理，企业能够处理好这方面的问题。从运筹学的角度来说，企业在现有运输条件的基础上，采用恰当的库存布局及管理方案，致力于最大限度地降低物流成本，这就是仓储管理的价值所在。企业要注重对仓储方案的设计，并通过执行方案实现物流整合，从整体上提高物流运作的效率。

值得关注的是，库存环节还集中展示了传统物流与现代物流的不同之处。从商业模式方面来看，传统物流通过收取保管费来盈利，在运营过程中致力于增加库内的货品存储量，但并不符合物流的宗旨。

现代物流则致力于连接上下游的运营，实现物流整合，降低静态库存，并追求最低物流成本。传统物流与现代物流的商业模式是截然不同的，但两者在具体操作过程中的各个环节十分相似。在具体分析过程中，要从信息系统的组成方面来分析两者的共性与区别。

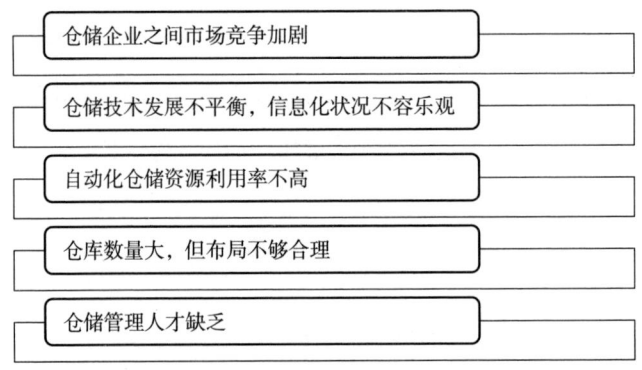

图6-2 分布式仓储体系存在的问题

◆ **仓储企业之间市场竞争加剧**

国内物流活动的需求已经超出了仓储设施的供给，因资金短缺，传统仓储企业无法进行基础设施改造。在这种情况下，海外物流企业发掘了这个市场，大力建设物流仓库。与此同时，国内实力型企业为满足自身的物流需求，也纷纷投资建设现代化物流平台，使国内仓储企业面临着日益激烈的市场竞争。

◆ **仓储技术发展不平衡，信息化状况不容乐观**

（1）企业缺乏对仓库作业自动化、机械化的认识

部分实力雄厚的国内企业配备了现代化的仓储工具，具体如自动化立体仓库、智能装卸搬运工具、高层货架仓库等。但真正用现代化技术手段代替传统人工劳作的企业仅为少数。由于企业对仓储技术的应用有限，国内仓储行业的运作效率很难提升。

（2）信息化技术的应用有所改善，但中小物流企业的信息化建设仍有待提高

企业缺乏对物流信息化的认识，导致我国未赶上物流信息化建设的早班车，且发展缓慢。物流信息化水平无法满足现代企业的发展需求，而在具体建设过程中，企业也未从整体角度出发来制定供应链发展的目标。另外，小型企业的物流信息建设越来越落后于大型企业，形成了不可逾越的鸿沟。从总体上来看，国内物流成本在劳动力、配送、仓储、运输等各个环节都比发达国家更具优势，但总体物流成本却明显超出发达国家。其原因在于，国内物流的信息化建设水平有限，各个环节之间无法实现信息共享，导致企业面临巨大的库存压力，无法实现运力资源的充分利用。

◆ **自动化仓储资源利用率不高**

现阶段，国内自动化仓库在应用方面的弊端集中体现于效果有

限、利用率低、规模变动性大、优势模糊,导致资源浪费严重。本身产品批量有限、品类不丰富的生产企业,在自动化仓库应用过程中,经常出现重复配置问题,资源浪费问题也尤为严重。

◆ **仓库数量大,但布局不够合理**

近几年,许多领域内的企业开始打造独立的仓库并开展仓储管理,增加了仓库的总体数量。这些企业的仓库主要分布在经济发达及交通便利的区域,导致其他地区缺乏相应的仓储支撑,不同区域的仓储能力供给及需求之间无法协同一致。

◆ **仓储管理人才缺乏**

仓储行业的发展,离不开专业人才的支持。现如今,我国在仓储管理型人才、操作型人才、专业技术人才方面都存在较大的短板,而物流行业对具备管理能力、操作能力、专业技术能力的复合型人才提出了较高的需求。对高等院校的人才培养模式进行分析可知,很多学校只聚焦于理论传授而不注重实践指导,在实践教学方面缺乏资金支持,在人才培养过程中未能真正实现校企结合,学生的实践能力较差,难以满足企业的发展需求。

◎ 分布式仓储管理的主要对策

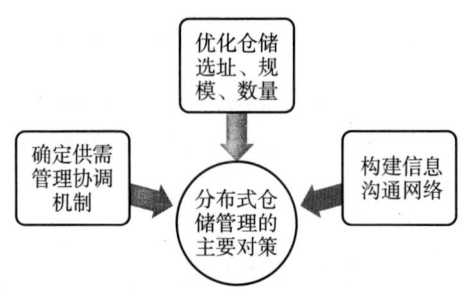

图6-3 分布式仓储管理的主要对策

◆ 确定供需管理协调机制

着手进行系统建设时,第一步应该确定供需管理协调机制,促使供应商与企业之间建立长期稳定的合作关系,明晰企业的货品供应来源、订货批次等相关信息。在合作过程中,供需双方要寻找共同的利益目标,并擅于发现两者之间存在哪些矛盾和冲突,采用协商手段进行解决,共同为用户提供优质的体验,致力于扩大双方的利润空间,降低风险。

通过建立战略合作关系,企业能够减少在供应链方面的成本消耗,降低库存压力,促进各个环节之间的信息共享,加强彼此之间的沟通互动;通过与合作方采取一致的行动,进一步突出其竞争优势,促进企业实现更高的业绩目标,改善产品质量,缩短交货时间,提升用户体验,改善财务状况。如此一来,企业就能与供应商联手,为提高供应链的整体竞争力共同努力。

◆ 优化仓储选址、规模、数量

(1) 以市场定位的仓库

这类仓库分布在距离需求市场较近的位置,能够有效提高供应商到仓库之间的货品运输集中程度,缩短商品到客户之间的距离。很多企业同时与多个供应商合作,在此类仓库中实现商品的集中获取与装配加工,再服务于客户。仓库距离需求市场很近,能够有效保证货品的正常供应,并有效降低成本。

(2) 以制造定位的仓库

这类仓库主要分布在距离生产工厂较近的位置,主要用于进行商品装配和后续的集中运输,能够为客户提供不同商品的配送服务。可以突破产品的类别界限,满足客户的多元化需求,是这类仓库的优势所在。要想在激烈的市场竞争中脱颖而出,制造商就要降低商品集运的费率，采用单一订货单运输模式实现对多元化商品的配送。

(3) 中间定位仓库

这类仓库位于客户与制造厂的中间环节，其功能与"以制造定位"的仓库存在共性，都服务于不同种类的货品运输，能够从总体上降低物流成本。出于提高效益、减少成本消耗的目的，企业可能会选择进行地区化生产。通过中间定位仓库，能够将不同工厂的产品提供给同一个客户，并从整体上降低其物流成本。

◆ 构建信息沟通网络

分布式仓储要求系统内部各个环节之间实现高效的信息共享，只有这样才能维持整个系统的正常运转，避免因信息不对称出现需求信息失真的情况，保证各仓储环节能够快速获得准确的需求信息。为了实现这一点，要完善仓储体系的信息沟通网络，组建虚拟协调部门，负责对仓储运行状态进行跟踪控制，发挥EDI、网络技术的作用，保持系统内部各个环节之间的信息畅通。

在整个信息网络系统中，虚拟协调中心占据主导地位，能够在不同仓库之间发挥协调控制作用。通过进行协调决策，能够合理安排各个仓库的储量，确定仓储水平的上限与下限，制定安全仓储标准，合理预测仓储需求。

要想完善物流仓储体系，在建设基于市场营销的分布式物流仓储体系时，就要注重对细节的处理，并认真对待相关的注意事项，将其作为检验自身建设工作的标准，在具体实施过程中不断优化仓储体系的建设。

6.3 布局多级分仓体系，提升供应链效率

◎ 高效物流：实现"三流合一"

近年来，零售行业的市场竞争激烈程度不断加剧，要想在竞争中胜出，就要满足消费者的即时性需求，并为其提供优质的服务。为此，要从供应链方面着手，采用多级分布布局模式。

从根本上说，供应链运营就是为了拉近商品与消费者的距离。要做到这一点，供应链就要采用恰当的方式为消费者提供他们所需的商品，并满足其对便捷性消费的需求，让消费者在下单之后，能够在最短时间内拿到商品。因此，要实现供应链系统中的物流、商流和信息流之间的有效连接。

★从物流企业的角度看，高效物流就是指，在最短时间内将物品从发货地运送到接收地。为实现这个目标，需要进行路线规划，并在实施过程中降低成本消耗，提高运送效率。

★从供应链或者消费者角度看，就应该通过降低物流成本在商品价格中的比例，降低物流过程在订单总体完成时间中的占比来提高物流效率。为了提高自身的把控能力，部分客户会根据货值占比进行商品报价。

基于以上两种不同视角，物流供应链的运作路径也存在较大差异：第一种是怎样将货品从出发地运送到接收地，据此设计运送路线；第二种方法则是为什么采用某方案将商品从一地运送到另一地。

立足于供应链层面来分析，要降低物流成本在商品价格中的占比，不仅要确保能够完成商品的物流配送任务，还要对其配送过程进行分析。货品搬动会增加其物流成本，国内物流成本难以下降，就是因为商品在从供应商到达消费者的途中，需要经过多次搬运，不断增加物流成本。从这个角度来说，要通过减少搬运次数来提高物流效率。换句话说，要促进商品的有序流动，反之则会增加其物流成本。

货物流向取决于订单信息，即消费者而非物流公司。如果能够把厂家生产的商品直接提供给消费者，则能够有效加速货物流转。最为理想的形式是，厂家根据订单需求安排商品生产，并根据订单进行货品配送。但大多数情况下，厂家的生产与市场需求需要经过一系列运作才能实现对接，这就是中间环节产生的由来。

不过，从总体流向来看，商品都是从厂家到达消费者手中，物流取决于商流，而企业需要据此选择相应的货物流通渠道。

◎ 多级分销：实现优势资源整合

渠道是指商品流动过程中经历的中间环节。以往，生产商推出的产品，需要经过品牌商、分销商、批发商，之后通过终端门店提供给消费者。在这个过程中，中间环节的企业充当着上游生产和下游市场之间的桥梁，并提供物流方案、资金支持。

在为客户提供服务的过程中，经销商通过同时代理多个品类来节约物流成本，并提高营销效益。如果公司的产品足够优秀，就有可能通过分销体系获得多个渠道的支持，且无须在物流环节消耗太多成本，并在发展过程中不断扩大规模基础。

利用多级分销模式，不仅能够实现优势资源的集中，为商品流通提供足够的保障，还能实现对终端消费者的广泛触达，获取更多信息，提高商流系统运作的灵活性。因为渠道商未完成信息化建设，供应链系统中的商流和信息流比较阻塞，无法提高整体信息传达效率，不利于供应链的整体发展。

伴随着电商行业的快速发展，企业积极拓展线上渠道，可采用快递方式，经由电商及微商完成商品的物流配送任务。尽管线上渠道呈现出迅猛发展趋势，但在流通行业完成的国内生产总值中，线上渠道的贡献占比还不到15%。

也就是说，在商品流通渠道中，传统渠道依然占据主体地位，且经过分析能够发现，如今电商的发展空间已经十分有限了，其占比很难实现大幅提升。渠道的发展会作用于物流，在这方面，电商的发展给诸多物流企业带来了良好的发展机遇。另外，物流也会作用于商品渠道的选择与发展。那么，线下物流渠道为什么比线上渠道更有优势呢？

（1）有些产品更适合在线下渠道经营，线上渠道只发挥辅助作用，百货产品和生鲜类产品为这方面的代表。这类商品的利润空间比较小，物流成本在商品价格中占据较大比例，且生鲜产品对物流的要求比较高，其消费特征也与电商渠道的消费截然不同。线下消费更加注重场景化、即时性消费，这是生鲜和百货产品在线上渠道发展较慢的主要原因。

（2）通过分析不难发现，对某些品类而言，其线上渠道的运营不及线下渠道。从理论层面来说，产品在中间环节的流通，每次搬运都应该缩短生产厂家与消费者之间的距离。但由于不同环节之间的信息沟通不畅，未实现有效的信息共享，而线上渠道的物品流动价值，只有在消费者下单之后才能体现出来。比如，上海的淘宝从天津进货，再将商品销售给天津的消费者，导致商品无法有序流动，浪费物流资源。

◎ 渠道变革：多级分仓运营策略

◆ 整合社会化的仓储，统一标准和统一入口

(1) 建立统一标准，包括管理标准和运营标准

通过建立统一标准，可保证不同环节使用相同的接口，有效降低对接成本。为此，要保持管理标准及运营标准的一致性，尤其要注重硬件的一致性。在供应商与物流仓库进行交易的过程中，以托盘数量来计算交易量，仓库与门店之间则以箱数来计算交易量，门店与消费者是以件数来计算交易量。

其中，大件物流的交易主要集中在供应商与物流仓库、仓库与门店端。在其交易过程中，能否使用标准一致的托盘会对整体交易产生重要影响。如今的托盘使用尚未实现统一规格，标准化程度有待提高，其功能利用率也比较低。要想提高商家与商家之间交易的效率，就应该建立统一、完善的仓配网络系统，提高托盘的标准化程度及其使用率，实现不同环节存储、存储与运输之间的有效连接。

(2) 对仓储的要素进行识别并连接，实现线上的信息共享

在建立统一标准的基础上，最重要的还是进行线上连接。为了实现这一点，要采用编码方式，对仓储的关键要素进行统一处理。如此一来，就能运用网络系统对这些要素进行快速识别和获取；准确读取编码信息后，及时有效地了解要素状态，然后将相关信息提交给网络系统。举例来说，对每个托盘进行编码处理，实现托盘与

其承载商品之间的信息联通，据此获知货物的相关数据，提高货品的流通效率。

◆ 沉淀大数据，引导商品提前向消费者最近的地方流动

为了满足消费者的即时性需求，应该引导商品提前向消费者最近的地方流动。为此，要充分发挥大数据的作用，建立完善的库存管理系统，并打通市场销售环节与订单系统；根据以往的订单信息对市场需求进行预测，促进不同仓储环节之间的信息共享；与企业资源计划系统（ERP）实现对接，促进各个系统之间的数据流通；给厂家提供市场需求数据，方便商家预先备货；在离消费终端最近的仓库、门店进行备货，优化库存管理。

第 7 章

同城物流：构建一站式城市配送新生态

7.1 同城快递：物流领域的下一个新风口

◎ 同城快递：全新的蓝海市场

随着经济迅猛发展及国际贸易规模不断增长，人们对物资流通、信息流通的需求愈发多元化、个性化。在此形势下，整个快递服务行业形成了三种业务模式：一是同城快递；二是国内快递；三是国际快递。其中，同城快递是快递企业从城市的某辖区揽件，将其送至该城市另一个辖区的快件收发行为，可承担国内快递、国际快递的终端配送业务。对于同城快递来说，"同城"是重点，其优势在于配送速度快、效率高，可为用户提供个性化服务。

目前，我国同城共享配送体系尚不健全，在此情况下，同城快递抓住了用户对末端快递配送的时效性强、灵活性好、安全性高的服务需求点。

从表面上看，同城快递处于整个物流配送过程的末端，显得微不足道。实际上，它不仅对大型物流企业配送的时效性有着直接影响，还可以为用户提供个性化的物流配送服务，与用户建立深度合作关系，让消费者享受到更加优质的商品及更加便捷的服务。专业的同城快递可辅助大型快递企业开展同城配送业务，为企业客户提供更精细的服务。

现阶段,同城快递承接的业务主要是单证照类业务、重点行业类业务、商务类(或民用类)业务、个性化增值类业务。配送类业务有很多附加内容,比如可根据用户需求有针对性地为其提供仓储、配送、代收货款等服务。

一些同城配送企业向全网快递企业学习,推出了一些独具特色的业务,比如"当日达""限时达""次日达"等,备受同城零售企业青睐。未来,整个同城快递行业将聚焦同城快递业务中最具个性化潜力的业务,推动其不断增值。

对于同城快递企业来说,个性化是制胜的关键。这里的个性化指的是回归快递行业的本质,立足于客户需求,为客户提供令其满意的服务。同时,在同质化竞争中另辟蹊径,形成特色鲜明的服务,不断提升客户的满意度,从中获取更大收益。

目前,国内干线物流主要来往于城市之间,承担了八成以上快递运输业务的公路运输基本上被高标准、规模化的专线物流公司垄断。这些物流公司可在较短时间内将货物运送至目的地,但之后这些货物要如何处理呢?目前,干线物流企业主要采用了两种解决方法:第一种是联系客户,让客户到物流园自行提取货物;第二种是物流企业通过自己的渠道逐一对货物进行派送。显然,这两种方式都存在一些问题:前者牺牲了服务能力,非常容易引发客户不满;后者耗费了大量时间,导致物流运输效率极低。由此可见,同城配送需求不是不多,而是在很大程度上被抑制了。

近年来,人人快递、闪送、快收等物流配送企业从一线城市着手,通过P2P直送为用户提供同城配送服务,对同城配送模式进行了有益探索。虽然这些同城配送模式存在很多问题,但它们切实提高了同城配送效率,满足了企业及消费者的同城配送需求,并创造了很多新的增值需求。在这些企业的带动下,"顺路经济"逐渐走进人们视野,获得了普遍认同,并试图推翻传统快递行业的竞争规则,创造一种新规则。

闪送等同城配送企业创造了同城专人直送模式,这种模式最大的特点就是专注于配送速度与效率,通过专人直送消除了中转、分拣等中间环节。但从目前闪送等同城配送企业的人口结构来看,以社会安全换取配送效率的问题比较突出。虽然这种专人直送模式存在较多问题,但它确实创新了物流配送行业的竞争模式,绘制了互联网时代同城配送的发展蓝图——便捷性更好、安全度更高的新的配送模式、形态与思维。

随着"最后一公里"及个性化配送需求迅猛增长,同城物流的发展动能愈发强劲、潜在市场愈发广阔。我国的物流市场规模达万亿级,在 GDP 中的占比约 18%,比房地产行业在 GDP 中的占比还要高。根据前瞻产业研究院发布的数据,2016 年我国同城货运市场规模为 1 万亿元;2017 年市场规模达到了 1.5 万亿元。2016 年同城 O2O 的市场规模达到 7620.6 亿元;预计到 2019 年将达到 14702.1 亿元。

近年来,我国的同城快递业务迅猛发展。根据邮政局发布的《2017 年邮政行业发展统计公报》显示,2013 年我国同城快递处理快件 23 亿件,2015 年处理 54 亿件,2017 年处理 92 亿件。同城快递行业规模越来越大的市场吸引了众多创业者进入,形成了万众创新的格局。在这种形势下,不仅"最后一公里"配送问题可以得到有效解决,人们还能享受到更加丰富、便利的增值服务。

电商业务模式的改变,云仓和区域仓、城配仓的广泛使用,使同城配送业务占比不断提升。随着这种发展趋势越来越快,快递市场格局将发生重大改变。立足于产业发展规律,对这一现象进行分析可以发现，目前，同城快递正值发展初期，行业进入门槛较低，操作难度小，利润空间大，形成了一个新的蓝海市场。

崛起因素：驱动裂变式增长

◆ "社会化物流"倒逼传统物流变革

社会化物流指的是利用移动互联网创造的一种全新的智能化配送模式。该模式将社会上闲散的劳动力资源聚合在一起，采用信息化技术与用户需求对接，根据发件人所处区域对周边的快递人员进行调配，让快递人员自主选择距离自己最近的订单，及时上门，为客户提供精准的物流配送服务。在同城社会化物流模式下，临时仓储环节被取消，物流运输成本下降，快件送达时间缩短，客户满意度得以有效提升。

◆ 阿里和京东给本地化物流企业发展空间

阿里和京东在物流领域的布局更像是在自己的领域建设"电商生态"，而不是布局物流网。众所周知，物流闭环的构建非常烦琐，需要打通订单、收件、干线运输、中转、派件等多个环节，耗费很长时间，这正好给"小而精""精而专"的快递企业提供了一个赶超机会。

◆ 服务战的蓝海空间形成

同质化的服务会让同城快递企业陷入价格战。目前，由于同城快递行业门槛低、成本越来越高，利润逐渐收缩，蓝海市场逐渐转变为红海市场。在此形势下，同城快递企业要想脱颖而出，就必须聚焦用户的核心诉求，为用户提供差异化的快递服务。比如，为用户提供差异化的快递产品，按时达、夜间送等；与社区便利店、小区物业合作，在这些地方设立快递代收点，以解决差异化地点问题；采用灵活的结算方式，提供卫星定位查询功能，为用户提供高效便捷的快递服务。

同时，政府可颁发一些鼓励政策，鼓励快递企业利用城市公交系统进行同城配送，鼓励城市公交企业积极创新，与同城快递企业合作开辟新业务，在保证安全、保障社会效益的前提下提升经济效益。另外，同城快递企业可引入战略投资者，成立第三方物流，借城市公交系统进行同城配送，其他中小型物流企业可将部分同城配送业务交给公交企业，以降低配送成本，让公交企业获取一部分额外收入，一举两得。

◆ 新兴模式降低成本

在移动互联网的作用下，一种全新的社会运力共享模式应运而生，为快递流通业提供了一个广阔的发展前景，逐渐形成了多点取送的物流模式。该模式可对社会闲散运力进行整合，计费标准是产品体积，通过智能路由进行多点取送。移动智能路由可为用户提供实时装卸货、多点取送服务，灵活性强。在此模式下，一些中小型商户根本无须设立仓库，还能进行柔性配送，建立交易闭环，使所有服务实现标准化。

这些新出现的同城快递配送模式为配送问题提供了有效的解决方案。比如，当下最受欢迎的众包模式，用户下载 APP，设定取货时间与到货时间，然后就可等待快递员上门取货，快递员会在规定时间内将货物送达。

目前，人人快递与闪送采用的就是这种模式，不仅提升了同城快递的配送效率，而且因为大部分快递都能当日送达，所以无须仓储，更无须雇用固定的快递员。只要配送人员通过企业的信用体系认证，又在距离发件人 1 公里的范围内，就能接单送货。

最新数据显示，当前，人人快递兼职快递人员数量达到了 500 万人，企业只需支付送件费用，无须提供基本待遇。虽然人人快递、闪送等同城配送企业有效提升了快件配送效率，降低了自身的运营成本，但快递人员专业性不强、快递物品无法验视、反向追溯体验不健全等问题较为突出，极有可能给公共安全造成比较严重的威胁。

◆ 客户需求增多，同城递送企业必将快速发展

与传统的快递正业相比，同城快递具有以下优势：

（1）在电商全面渗透的形势下，人们逐渐养成了网络购物习惯，对物流时间、物流服务提出了较高要求，"限时送""极速达"等服务备受一二线城市用户青睐。这些用户大多希望下单之后立即收到商品，解决当下的问题。

（2）通过专业细分，同城快递可在城区范围内配送传统快递企业无法配送的商品，如液体、部分易碎品、绿植、宠物等，极大地满足了用户需求。

（3）同城快递无须中转，可直接送达，有效避免了快件在中转过程中被损坏的情况。

（4）同城快递可根据用户需求为其提供定制化的服务，从而提升自身的利润。

除此之外，现阶段，虽然同城快递企业在自己所处市场上占据了一席之地，但随着京东物流、菜鸟物流的全国物流体系逐渐形成，它们势必进入同城配送领域，抢占中小同城快递企业的市场，届时同城快递领域将出现大规模的并购重组战。

◎ 配送联盟：未来的发展趋势

面对京东物流、菜鸟物流的冲击，中小民营快递企业要想实现

可持续发展，必须与大型民营快递企业建立合作关系。以宅急送为例，在业务量较小的城市，宅急送没有自建网点，而是与当地小型快递企业合作建立了外网营业点。

这些外网营业点派送"宅急送"快件可收取代理派送费，还能借"宅急送"的快递配送网络接收订单，搭乘"宅急送"的物流班车。在此模式下，"宅急送"在保证自己资金正常周转的情况下迅速占领了市场。

对于小型快递企业来说，与大型快递企业合作不仅能提升自身的业务量，获得更多客户与资金，有效应对激烈的市场竞争，实现稳定发展，还能增强自己的核心竞争力，节省社会资源，使资源实现优化配置。

同城快递企业达成配送联盟可实现以下目标：

（1）可以和快递企业现有的资源形成互补，对资源进行优化配置，提升资源利用率，实现规模效应与范围经济，在与大型企业的市场竞争中占据一定的优势。

（2）同城快递企业达成联盟后，一家企业可借其他企业的网点扩大自身的业务辐射范围，使自己的品牌得以更好的传播，从而建立良好的市场，形成较好的口碑。通过合作谋求生存，通过发展不断成长。同时，达成联盟后，中小同城快递企业可向其他企业学习，引入其先进的管理方式与经营模式，使自身管理能力与水平得以持续提升，从而使自己的服务得以优化、改善，不断创造新的同城快递业务，开发更多细分市场。

（3）达成联盟后，同城快递企业之间可相互交换行业资讯与信息，掌握最新的信息技术与网络技术，革新快递配送技术，创新快递服务，开发更多新产品、新服务，推动快递服务与媒介技术不断融合，从而获取新的竞争优势。随着物联网、机器人等信息技术不断出现，辅之以平台化的信息技术，同城配送服务体系将愈发稳定、精准、优质。

（4）在同城快递市场上，快递企业建立末端配送联盟的目的不是消除同行竞争，而是在更大范围内开展良性竞争。企业之间合作的重要性与良性竞争程度呈正比，良性竞争程度越高，企业间的合作就越重要。通过竞争的优胜劣汰，整个快递产业可实现转型升级。

综上，同城快递行业有广阔的发展潜力与前景。如果同城快递企业能一边规避行业风险，一边抓住机遇（这个机遇是物联网、智能城市等新兴科技带来的），将政策与新的商业模式相融合，就能打破传统的行业壁垒，实现突破式发展。

现阶段，同城快递市场的规模在不断壮大，每个人都有可能成为新型快递人。在同城快递市场上，快递员将按照不同客户的需求为其提供定制化的服务，利用信息化、自动化技术进行自动分单、自动配载、自动路由。在理想状态下，同城快递应实现全城无盲区配送。未来，在同城配送模式下，城市末端配送将愈加分散，小批量、多批次配送将成为常态，逐渐提升物流服务的安全度、舒适度，让物流服务价格更加合理，从而让客户享受到更极致的物流配送服务。

7.2 同城配送：实现配送标准化和智慧化

◎ 新零售下的同城配送新格局

◆ 新零售，城配新格局

2017年，全国社会物流总额达到了252.8万亿元，社会物流总费用增至12.1万亿元，其中保管费用增至3.9万亿元，运输费用增至6.6万亿元，管理费用增至1.6万亿元。由此可见，在社会物流总费用中，运输费用占比超过了50%。

交通运输部相关数据显示，2017年我国公路货运总量达到了368亿吨，同比增长22.5%，比民航、水运等运输方式的增长速度要快很多。为抢占公路运输市场，干线物流配送企业、城市配送企业都投入了巨大的人力、物力，但因为两者的目标受众不同，所以不能放在一起讨论。

在干线货运领域，借助互联网平台，运满满、货车帮等企业在传统运输行业实现了车货匹配；在城市配送领域，云鸟、货拉拉、58速运等企业凭借自己高效的服务为"最后一公里"配送难题提供了有效的解决方案。

在货物移动的过程中，干线配送也好，城市配送也罢，都发挥着极其重要的作用，特别是城市配送不仅要解决"最后一公里"配送难题，还对企业形象、口碑，企业效率及客户体验的提升有着决定性影响。

近年来，物流配送市场在不断变革，各同城配送企业也在不断调整自己的运营模式以适应新的市场规则。除快递企业与即时物流企业之外，目前同城物流市场上形成了面向 C 端的货拉拉、58 速运等同城配送企业盘，面向 B 端的云鸟、易货嘀等城配企业。

◆ 新零售，新要求

相关资料显示，目前，我国城市配送市场规模已达到万亿级。仅杭州一城的年城市配送市场规模就超过了 100 亿元，并以 5%～10%的速度增长。从行业规模方面来看，城市配送市场规模相当于 2.5 个快递市场，其从业人数是快递从业人数的 6.4 倍。

进入新零售时代、共享经济时代之后，城市配送行业发生了巨大变革。过去，商品出厂后要经过 7 次搬运才能交到消费者手中，不仅造成了人力、物力、财力的极大浪费，还降低了消费者的体验。现如今，随着云仓兴起，单仓发货逐渐转变为多仓发货，商品出厂后只需搬运 3 次就能到达消费者手中。在这个过程中，消费者能产生直观体验的就是商品从出库到收货这个过程，即"最后一公里"的运输过程。据统计，现如今，企业对"最后一公里"的配送需求超过了 70%。

从总体来看，进入新零售时代之后，面对配送需求改变带来的冲击，B2B 城配行业将呈现出三大发展趋势：一是大；二是散；三是快。大指的是市场存量规模大；散指的是订单在时空范围内高度分散；快指的是在新经济时代，在各种商业模式的刺激下产生了很多城配需求，城配增长速度越来越快。

◆ 新零售，新配送

"最后一公里"配送问题是物流行业的一大痛点，在人们对物流时效愈发重视的背景下，解决该痛点具有十分重要的现实意义。新零售各路玩家对末端配送提出了极高的要求：天猫超市上线 1 小时送达服务；超级物种、盒马鲜生为超市 3 公里内顾客提供最快 30 分钟送货上门服务。解决物流"最后一公里"问题，已经成为新零售企业建立市场竞争力的关键所在。

资本巨头疯狂涌入末端物流领域，也充分显示了同城物流的广阔发展前景。2017 年，闪送、丰巢、云鸟配送、驹马物流、唯捷城配等专注于解决城市配送"最后一公里"问题的物流公司，均获得了资本方数千万元甚至上亿元的投资。

顺丰、宅急送、"四通一达"等快递公司也在积极布局同城配送服务，而美团、饿了么两大外卖平台，以及新达达、人人快递等众包物流服务商，也将发力同城"最后一公里"作为未来发展的一项重要战略规划。此外，还有闪送、邻趣、快服务等 C2C 跑腿服务商入局。

末端配送市场规模庞大，发展前景十分广阔，但整个行业仍处于探索阶段，存在一系列亟须解决的痛点问题。比如，配送人员较为分散，流动性较高，服务水平参差不齐，给管理带来了较高的挑战；大部分末端配送企业自身仍处于发展初期，基础设施建设不完善，没有成熟的商业模式，对融资有较高的依赖性，当资本遇冷时，很容易因资金链断裂而大规模死亡；行业发展不成熟，没有统一的服务标准、价格体系，再加上监管缺失，更是给行业发展带来了诸多阻碍。

在用户对购物体验中的物流时效要求越来越高的背景下，企业必须对自身的物流体系进行不断优化完善，实施精细化管理，将大数据、云计算、人工智能等新一代信息技术应用到物流各环节之中，提高末端配送服务水平与质量，充分迎合日益升级的消费需求。

◎ 新一代同城配送的主要模式

以往，城市配送模式主要包括落地配城市配送、传统商超城市配送、快递城市配送等。近年来，新能源、融资租赁、共享经济呈现蓬勃发展趋势，新零售的大幕已经拉开。在新的时代背景下，城市配送将实现社区云仓、同城共配、新能源汽车、共享经济、融资租赁的结合发展，并吸引众多创业者参与其中。

图 7-1　同城配送的创新模式

◆ 社区云仓

社区云仓是指包括商圈云仓、社区云仓在内的城市配送末端仓。云仓主要承担区域集散功能，大量存货并非其价值所在。

◆ 同城共配

经由空港、公路港完成中转集散的货物，会通过同城共配方式抵达云仓。在传统模式下，客户所需货品来源于存货仓，随着同城配送模式的发展，社区云仓将负责接收来自核心城市枢纽的货物。

◆ 新能源汽车

城市的交通拥堵、环境污染问题逐渐受到重视，为解决这些问题，新能源汽车将在城市配送中得到日益广泛的应用，目前京东已经在这方面率先展开布局。随着技术发展，新能源汽车将普遍应用于该领域，承担 100 公里内的配送任务。

◆ 共享经济

现如今，共享经济模式在诸多领域都得到了应用。我国不少投身于城市配送的网络化平台企业正在进行改革，并面临着来自新能源汽车行业的挑战。在新能源汽车领域，以首汽租车为代表的企业在得到政府的政策性支持后，迅速进军"互联网+物流"领域。

◆ 融资租赁

采用融资租赁模式能够有效促进城市新能源汽车的发展，熊猫新能源已在该领域涉足。在传统模式下，新能源汽车是属于司机个人的，未来将由融资租赁公司和第三方平台企业共同在城市配送领域开展运营，并实现新能源汽车在该领域的广泛应用。

以上列出的几种发展模式，将成为未来三年城市配送的主导发展方向。国内已经有企业尝试开展布局，相信在不久的将来，城市配送就能以新姿态闪亮登场。

伴随着互联网与物流的结合发展，传统的商业格局将发生变化，给相关企业带来更多的发展机遇。大数据、新零售、共享经济、智能物流等逐渐成为企业关注的焦点。国内物流在发展过程中，应该及时关注行业上游的发展走向，而其发展又受到互联经济转型的影响。从这个角度来说，物流从业者在脚踏实地的同时，还要对行业发展趋势进行了解，避免错失良机。

在传统模式下，市场竞争主要发生在不同企业之间或者不同产业链之间。伴随着商业领域的发展，这种竞争将转移到生态层面。在参与竞争的过程中，能够组建完整生态体系、保持生态系统稳定运营的经济主体将占据优势地位。

在新的时代背景下，很多大企业受到传统思想的束缚迟迟不进行改革，反而给了中小企业可乘之机，在市场上占据了一席之地。

◎ 易货嘀：同城配送创新实践

易货嘀成立于 2014 年 7 月，是传化集团、上市公司传化智联旗下公司，是行业内首家获合法身份的城市网约货车平台。作为城市物流专家，易货嘀是 2016 中国杭州 G20 峰会指定城市配送服务商，一直致力于提供定制化、一站式城市物流解决方案。

易货嘀的"物流+仓储+IT+金融"全场景服务已经覆盖 30 多个枢纽级省会城市，服务了 10 万家小微客户以及 700 多家大型企业级客户，交易额月复合增长率在 40% 以上。易货嘀之所以能在竞争激烈的城配市场上脱颖而出，实现月营收连续破亿，就是因为做到了以下几点。

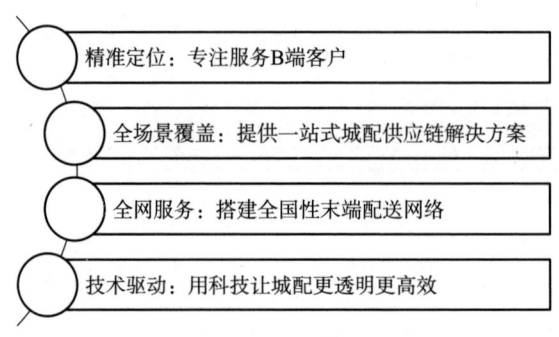

图 7-2 易货嘀的创新实践

◆ 精准定位：专注服务 B 端客户

城配企业面向的 B 端客户主要是电商、制造企业、家电企业、家装企业。这些企业的业务量比较稳定，产品有极高的附加值，运输规模大、频率高、计划性强，对服务有着极高的要求。从这方面来看，相较于C端客户来说，B端客户的优势更加明显。

我们将B端的概念不断放大。我国每年都会举行很多全国性、世界性会议，比如G20峰会、达沃斯经济论坛等，这些会议至少要筹备半年，物资需要双向配送。这些会议的物资配送有很强的计划性，物资体量也比较大。

◆ 全场景覆盖：提供一站式城配供应链解决方案

C端客户的物流需求比较单一，B端客户的物流需求则非常多样化，覆盖了整个物流链条，包括仓储、配送、金融、IT。从某种意义上来说，全链条将B端客户与C端客户一分为二，要想为B端客户提供更加优质的服务，就必须为其提供一站式供应链解决方案。

◆ 全网服务：搭建全国性末端配送网络

B端与C端客户的差异不仅体现在需求领域，还体现在网络化方面。C端客户是点到点，B端客户则是点到面。以共享单车为例，C端客户只需扫码就能将车骑走，但共享单车企业不能只为客户提供骑车服务，除骑车外还需为其提供更多元化的服务。

现如今，易货嘀面向共享单车为其提供一站式供应链服务。如果共享单车的城配供应商不能覆盖全国网络，就无法让B端客户享受到优质的服务。易货嘀之所以能成为我国最大的共享单车城配服务商，就是因为其构建了覆盖全国的末端配送网络。

◆ 技术驱动：用科技让城配更透明、更高效

过去，物流行业发展的驱动力是资源；未来，物流行业发展的驱动力将从资源转变为技术。众所周知，过去，大部分第三方物流企业都是重资产运营。人员、运营成本、固定资产都随企业业务的增长而增加，导致公司越来越重，运转、经营愈发困难。要想改变

这种局面，物流企业必须引进技术。

利用传化网，易货嘀让新物流与平台实现了紧密结合，在"城配智慧大脑"风豹V2.0系统的帮助下实现了三大功能：一是透明；二是计算；三是预测。

（1）透明：系统对人、车、货、仓等物流配送要素进行标识，让各个城配要素都在线，同时利用LBS车辆定位、电子回单、运输轨迹可视等技术，开启订货系统城配黑盒，让整个城配运营过程变得透明。

（2）计算：利用算法让定价、排线、派单等过程实现智能化，进行共同配送。通过计算提高配送效率，降低配送成本，提升配送体验。

（3）预测：利用大数据挖掘技术和用户画像对某城市、某企业、某客户未来的需求做出精准预测，对客户进行深入了解，将"货未动、车先行、仓已备"的城配模式的设想变成现实，打造高效的城配体系。

进入新零售时代之后，物流企业的战争将集中在"最后一公里"领域，制胜的关键就在于做好B2B城配。易货嘀就是通过为B端客户提供一站式城配服务，实现全网络覆盖，以技术驱动城市配送服务升级，实现了连续三个月月营收破亿。

事实上，"新零售"概念的提出就标志着电商发展的黄金时代已经过去。未来，线上、线下、物流必将实现全面融合，物流在未来的商业领域将发挥出至关重要的作用。

◎ 菜鸟：打造同城配送新体验

2018年5月31日，全球新物流峰会在杭州正式召开。在此次峰会上，张勇以阿里巴巴 CEO、菜鸟董事长的身份发表了重要讲话，提出了一个新概念——新物流。随后，菜鸟总裁万霖对新物流做了解释，认为新物流就是"科技+新零售+全球化"，希望菜鸟物流网络引领整个物流行业转型升级，紧跟时代发展。和"新零售"提出之后的情形一样，新物流一经提出就引发了热烈讨论。

◆ 从新零售到新物流，赋能行业成为一种使命

在国内，电商市场的繁荣推动快递行业迅猛发展。根据国家邮政局局长在世界邮政日的致辞可知，自党的十八大以来，我国邮政业业务总量增长了 3.6 倍，业务收入规模增长了 2.7 倍，快递业务量连续 3 年排名世界第一，对全球快递行业增长的贡献率超过了 40%。

未来，随着快递量不断增加，物流行业势必会用新技术对行业、企业进行革新，一边保持较好的业务承载量，一边不断提升用户体验，推动整个行业实现健康、可持续发展。

事实上，在"新零售"概念出现之前，物流行业秉持的一个重要发展理念就是为合作伙伴赋能。进入新零售时代之后，这更成为企业的核心价值驱动力。比如，从 2016 年开始，天猫就宣布推动门店进行数字化转型，构建全渠道，打通会员、服务及商品体系，将线上、线下融为一体，增加门店数量，提升全渠道的成交量。

再如，2018 年年初，为推动新零售更好地发展，阿里成立天猫新品创新中心、天猫新零售平台事业部，对企业内的云端基础设施、大数据资源、数字化能力进行整合，帮助品牌、商家更好地向新零售转型发展。

在此次峰会上，菜鸟为行业赋能的能力得以充分展现：菜鸟在此次峰会上推出一款平台级人工智能产品——菜鸟语音助手。这款

产品综合了多项顶级人工智能技术，可在同一时间拨打大量电话，辅助快递员在派送快件前与消费者沟通。这款产品可以识别方言，能准确获知顾客提交的快递接收点，将沟通结果及时反馈给快递员，从而提升快递派送效率。

根据测算，如果菜鸟语音助手实现普及应用，每天可为全国200多万名快递员节省16万小时的通话时间。由此可见，对于新物流来说，"科技+新零售+全球化"是核心，赋能行业是灵魂。从新零售到新物流，行业赋能始终贯穿其中，似乎已成为一种跨越行业与时间的使命。

◆ 从惠及国内到服务全球，菜鸟新物流的底气何在

在此次峰会上，马云表示，菜鸟要构建国家级的智能物流骨干网络，其目标是国内24小时送达，全球72小时送达。过去5年，菜鸟一直致力于解决电商与行业自身的问题。未来，菜鸟要致力于解决国家、社会、行业问题。

从国内到全球，从一家企业到整个行业，甚至到整个国家、社会，菜鸟立下这一发展目标究竟有何倚仗呢？

在我看来，菜鸟的倚仗在于阿里巴巴及其合作伙伴掌握的资源优势与技术优势。菜鸟本身就是一家技术驱动的新物流企业，在诞生之初就立下"构建一个以数据驱动的社会化物流协同平台"的发展目标。

为实现这一发展目标，菜鸟在发展过程中不断用新兴技术为合作伙伴赋能。比如，利用海量大数据对运力资源进行优化配置，帮商家对销售情况、库存情况、物流动态进行实时监控，以提前完成分仓布货；准备充足的货源，对货物进行灵活调配，以更好地应对销售旺季；构建协同开放的物流生态，承接大规模的物流业务。菜

鸟网络本就是一家物流企业联盟，容纳了天天快递、通达、百世快递、宅急送等多家物流企业，还与 EMS 等物流企业建立了合作关系，已经可以为全国 1500 多座城市提供"当日达""次日达"服务。

除此之外，菜鸟还用人工智能、物联网等技术推动物流服务升级。采用这种方法，物流企业不仅可以降低物流成本，提升物流效率，还能不断优化用户体验。比如，除菜鸟语音助手外，菜鸟还启动了"驼峰计划"，该计划的内容主要是菜鸟与一汽解放、北京航空航天大学无人机团队、速腾聚创、GTI、点我达等企业与机构合作，推动无人设备实现量产，构建一个新型立体新物流网络。

简言之，菜鸟赋能整个行业，从国内到国外，从企业到行业再到整个社会的底气无外乎"技术驱动，开放协同"。

目前，菜鸟国家级智能物流骨干网络的雏形已经显现出来，一个可支撑分钟级配送的新零售物流网络已成功构建，该网络连接了 300 万名快递员，仓库总面积达 3000 万平方米，将快递配送时效提升了 1.5 天，成绩显著。

上面提到新物流指的是"科技+新零售+全球化"，为实现全球化，菜鸟新物流不仅为国内的零售企业服务，而且要走出去，为全球市场上的零售企业服务。菜鸟宣布要在吉隆坡、迪拜、莫斯科等城市创建首批世界级的物流枢纽，这一设想若能实现，未来，菜鸟将成为全球物流行业的基础设施。

◆ 用户依然是新物流的核心

需要注意的是，物流不仅是电商行业发展的重要支撑，还对电商购物体验起着重要的决定作用。所以，新物流要效仿新零售，以数字化的方式对行业要素、场景、流程进行重构。但对于新物流来说，数字化只是基础；对于新物流服务来说，新零售只是其中的一部分。除此之外，在新物流时代，增加体量、提升效率的发展势头愈加明显。

比如，过去，消费者从某电商平台下单一件商品，能在4天内收到就很满意。在引入了电子面单、智能分单等产品后，消费者下单之后可在2天内收到商品。由此可见，进入新物流时代之后，整个物流行业的运行效率都得到了大幅提升。

随着技术不断发展，在大数据分析、算法优化等工具的作用下，物流业务必将实现持续优化，销售预测更加精准，物流网络布局更加科学，库存管理更加合理，配送路线规划更加便捷。未来，物流配送必将精确到分钟，让用户享受到极致的物流配送体验。整个过程体现了以用户为中心的服务升级。

根据阿里巴巴公布的2017年第四季度财务报告及2017年全年业绩报告，接入菜鸟物流云服务的物流企业已达70多家，菜鸟利用数字技术帮这些企业提升了仓储配送效率，借物流网络改善了整个物流行业的服务质量，提升了其运作效率。

从总体来看，菜鸟的新物流赛道解决方案也好，新物流枢纽及国家级智能物流骨干网络的创建也罢，都是新物流的外在表现，究其内核则是借物联网等先进技术推动物流行业优化升级，以更好地推动新零售发展，为全球用户群体提供更优质的物流服务。

7.3 云鸟配送：打造一体化城配解决方案

◎ 打造一站式同城配送供应链

近两年，新零售迅猛发展，不仅加快了快消行业的发展步伐，还带动了便利店业态的发展。《中国购物者报告》显示，在零售市场上，我国大卖场所占市场份额下降了2%，超市或小超市的增长速度降到了2%，便利店的增长速度达到了7.4%。

不仅现有的线下便利店品牌在高速发展，阿里巴巴、京东等大型电商企业和B2B平台也在积极布局线下渠道。目前，实体零售业持续低迷，华润万家、家乐福等零售企业开始转型，尝试发展新的小业态，如精品超市、便利店等，使得这些小业态呈现出了迅猛发展之势。在这种情况下，未来，城市的零售网点必将呈现出规模小、分散化的发展趋势。

从C端来看，进入新零售时代之后，社区的精品超市、便利店必将持续聚焦便捷度和进店体验；从B端供应链来看，现阶段的关键问题在于如何降低供应链成本、提升供应链运行效率，而这必须考虑B端—B端的物流。随着城市化进程不断加快，仓库与城市中心的距离越来越远，快消行业的次终端越来越分散。进入新零售时代之后，快消行业要发展就必须率先解决"最后一公里"的物流难题。西方经济学家将物流称为"第三利润源泉"，前两种利润源泉分别是劳动力和自然资源。那么在新零售时代，这"第三利润源泉"还有哪些可以挖掘的潜力呢？

对同城物流进行分析可以发现，2015年之前，同城物流行业普遍存在运力散乱、回程成本高、车辆闲置率高等问题，其中车货匹配问题最突出。2017年以来，新零售的迅猛发展为同城B2B物流平台提出了新挑战：在零售终端规模不断缩小、零售终端愈发分散、"零库存"要求、补货频率不断提升、单次补货数量持续减少的情况下，如何提升货物配送效率、降低送货成本、提升用户体验、提升妥投率、降低物流风险等，都是同城B2B物流平台亟须解决的问题。

以云鸟科技为例，从2014年成立至今，云鸟科技已完成4轮融资，融资金额高达2.3亿美元。成立之初，云鸟科技就打出了"科技改变城配"的口号。在新零售形势下，云鸟科技致力于用科技将自己打造成一家很"酷"的公司。

云鸟科技是一家科技型驱动公司，在云鸟科技中，技术研发占比很大，研发出很多科技智能物流产品。从2016年底开始，云鸟科技先后推出了鸟眼系统和百灵引擎。其中，鸟眼系统的功能是为货主提供全流程自动化服务，百灵引擎的功能是根据司机的历史配送记录实现车货匹配。云鸟科技推出这些产品的目的在于让大数据、人工智能等技术在城市供应链交付运力领域实现广泛应用，帮客户解决运力问题。

云鸟科技的城配供应链交付模式有三大主流模式：一是自选整车模式；二是合约整车模式；三是订单多点配模式。其中，订单多点配模式能为客户提供更加多元化的服务，比如前置预约、运力安排、排线优化等。这表示只要客户将货物交给云鸟，云鸟就能自动完成货物配送过程，让客户省心、省力。

◆ 预约排线提升妥投率

在新零售环境下，物流企业收到的订单非常分散，云鸟科技的"订单多点配"为连锁便利店提供了一个最适用的供应链交付模式。如果是计划性配送订单，便利店可在配送前1天预约，通过大数据积累，以收货人地址、收货时间为依据，对订单配送路线进行规划，对配送司机的实时位置与行动轨迹进行监控，在降低物流配送成本的同时提升妥投率。

◆ 按票结算

除此之外，"订单多点配"还可取代"按车结算方式"，以货物的体积、重量为依据"按票结算"，将价格细分为大票、小票、票下面的筐与件，从而降低物流配送成本。

◆ API数据对接

同城配送的环节非常多，对专业度要求极高，管理控制比较困难。从货物装卸、出仓到货物交付、代收货款，整个过程都非常注重提升运营效率，对配送流程进行管控。借助API接口，云鸟科技让云鸟系统、收货人、客户系统的司机端建立了有效链接。这样一来，客户不仅不需要重新输入订单，还能提升运力安排效率及货物配送效率。同时，因为整个货物配送流程都实现了可视化，收货人可实时查看订单配送状态，如果订单配送异常可提前获得提醒，使用户体验得以切实提升。

在新零售时代，零售终端不只要求物流做到"车货匹配"，还要求降低物流配送成本，提升物流配送效率，保证货物准时、安全送达，要求用科技武装物流行业，为客户提供更加优质的城市配送服务。

构建同城供应链的交付平台

从目前的发展趋势来看，未来15年，我国将贡献全球30%的消费增量。随着国民经济不断发展，消费持续升级，我国的消费模式将发生巨大转变，消费结构将日渐接近发达国家。到2030年，我国家庭在食品方面的支出占比将变得很小，在"可选品""次必需品"方面的支出占比将越来越大。价格诉求将逐渐被质量诉求取代，高品质、个性化、高科技、小生活主义将成为消费升级的主要方向。随着消费模式不断转变，"新零售"应运而生。

众所周知，新零售不是单纯的线上、线下融合，它需要利用数据化手段对消费需求、商品进行处理，对商品销量进行预测，快速调拨库存、消灭库存，提升消费者的购买体验，推动消费不断升级。其中，"快速调拨库存、消灭库存"指的是物流配送环节，物流配送要与新零售发展趋势相适应，就要提升物流配送的时效性、精准性。

现阶段，已有一些大型电商企业开始利用大数据改善物流，提升物流运输效率及质量，还有一些企业通过与供应链配送服务商合作，为物流问题提供解决方案，为供应链配送服务企业带来了发展良机。

新零售虽然为物流企业带来了发展机遇，但也为其带来了挑战。比如，新零售要求物流企业提升配送效率，这一点并不容易实现。在供应链领域，物流配送企业要为仓储管理、货物运输、线路规划等问题提供解决方案，要对配送司机的工作经验、货物配送种类、车辆类型等问题进行充分考虑。这些问题可归结为三点：一是解决车辆满载问题；二是解决配送实效性问题；三是解决交付完整性问题。

为满足新零售对物流配送提出的这些要求,消灭上述物流配送痛点,部分供应链配送服务商已经开始变革。比如,云鸟科技利用大数据、互联网等技术创建"同城供应链交付"平台,推出鸟眼系统,让信息流、资金流、商流实现贯通,提升了整个物流配送过程的可视化水平,降低了管控难度。

利用鸟眼系统,物流配送企业让配送区域、配送车型、配送司机、配送时长实现了最优匹配,对温度控制、电子监控、妥投管理、代收款等环节进行有效管控,为车辆满载、完整交付、配送实效等问题提供了解决方案。目前,市场上平均单车满载率为80%,平均出仓时间为2小时10分钟;云鸟科技的单车满载率达到了90%,出仓时间在20分钟以内,配送效率有了很大提升。

进入新零售时代之后,城市物流配送频率越来越高。在此情况下,物流配送三大特点愈发鲜明,尤其是单车满载率问题。目前,云鸟科技的单车满载率达40%,单车平均配送6.3单,平均车程7小时55分。

除此之外,出仓时间也非常重要。云鸟科技的大数据表示,现如今,绝大多数客户的订单都能在2个小时左右出仓,出仓时间缩短了很多。事实上,云鸟科技的聚焦点仍在城市B2B配送领域,尤其是进入新零售时代之后,零售末端的供应链已开始重组。该现象出现的原因就在于,原有的物流配送方式已无法满足新零售时代的物流配送需求,只有利用科技、数据与上游实现协同才能为该问题提供有效的解决方案。于是,"科技数据""上游协同"就成了云鸟科技的关键词,云鸟科技希望借此带给货主更优质的物流配送体验。

归根结底,新零售仍要以用户为核心,通过上下结合,利用互联网技术使消费体验得以有效提升。供应链配送服务商也要利用相应的技术承上启下，推动新零售不断发展。也就是说，越早顺应新零售发展趋势进行变革，越快将变革付诸实践的企业越能率先占领市场制高点，恰逢其时，实现更好的发展。

◎ 利用科技提升城市配送效率

近年来，新兴互联网经济实现了迅猛发展，物流行业随之有了更好的发展，物流行业的从业者及创业者纷纷开始以互联网为工具对传统物流业进行改造，催生了很多新玩法。其中，云鸟科技（致力于为客户提供同城供应链配送服务）3年获取了4轮融资，总融资额达到了2了亿美元，在行业内强势崛起。

云鸟科技自成立之日起就致力于"用科技改变城配"，对其发展历程进行总结、分析可以发现，该公司的每一个重大发展节点都是通过技术革新实现的。目前，在城市配送领域，平均每单订单的配送成本是76元，云鸟科技通过优化订单、配送线路、商品出仓流程将每单订单的配送成本降到了65~66元，这种成本的下降是通过压榨数据实现的。

云鸟科技之所以能通过压榨数据降低订单配送成本，很大程度上是鸟眼系统、订单多点配送和百灵引擎在发挥作用。

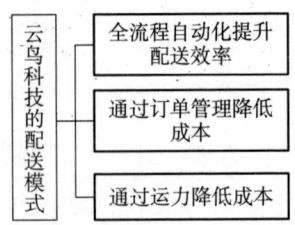

图7-3 云鸟科技的配送模式

◆ 全流程自动化提升配送效率

鸟眼系统是云鸟科技创建的线上同城供应链交付平台，其功能主要让物流、资金流、信息流实现"三流合一"，为货主提供全流程自动化服务，以提升物流配送效率。与此同时，通过数据的精细化运营，物流企业可获取一些核心数据，比如妥投率、准点率、退货率、投诉率等，与配送数据及配送过程相结合开展智能化分析，为客户提供更加优质的同城配送服务。

◆ 通过订单管理降低成本

"订单多点配"模式对货物整体配送流程进行了优化，利用API将收发货、仓储管理、商品调度等环节串联在一起，实现了产品的标准化输出；再以客户物流需求为依据实现车货最优匹配，节省物流配送时间。同时，云鸟科技推出"按票计费"模式，根据货物的体积、品类、重量、所需车型以票、件、筐为单位计算费用，采用灵活的配送方式，以避免运力成本的浪费，降低物流配送成本，提升物流配送效率。"订单多点配"是云鸟科技顺应新零售发展形势，面向连锁经营企业推出的标准化产品服务，为满足城配需求为其提供前置预约、运力安排、排线优化等服务，以控制成本，对物流配送流程进行有效把握。

◆ 通过运力降低成本

百灵引擎是一种撮合引擎，其功能主要是为货主、司机精准画像，实现智能定价、优选匹配，高效、智能地使用自己的城配运力池。通过百灵引擎，客户可对配送任务要求进行设置，之后百灵引擎会根据这些要求自动对运力价格进行计算，帮货主匹配到最合适的司机，司机则会根据货主的要求进行货物配送，切实保证货物配送质量。也就是说,百灵引擎通过将车货匹配的决定权变成在标书、司机、货主数据的基础上形成的系统,通过计算运力实现智能定价,一边保证物流配送质量,一边实现货运成本的下降。

  在物流配送供应链上,同城物流是其中非常重要的一个环节,相较于其他环节来说,同城物流更加复杂,对其产生影响的因素更多,并且新零售也对其提出了更高的要求。未来,物流行业终将转变为一个科技驱动型产业,如何借"互联网+"降低物流配送成本,提升物流配送效率是一个至关重要的课题。

第 8 章

智慧配送：突破"最后一公里"配送瓶颈

8.1 新零售环境下的电商物流转型与变革

◎ 新消费时代的物流模式转型

2017年5月22日,全球新物流峰会召开,在这次以"连接升级"为主题的会议上,马云表示:未来,数据、技术、人才将成为物流公司发展的主要驱动力,但在组织、人才、眼光格局、信息技术等方面,很多物流公司还没有做好准备,这类物流企业将被淘汰,然后会涌现出一批新的物流公司。传统物流企业必须警惕这种情况。

近十年来,在互联网、移动互联网的作用下,传统电商迅速扩张,覆盖范围不断扩大,用户规模不断增长,流量红利趋于饱和。这表示利用互联网实现高盈利的时代即将过去,"新零售"应运而生。

国家统计局发布的数据表示,2014年—2016年,全国网络零售额增速不断下降,从49.9%降到了26.1%。2017年之后,随着新零售的推行,全国网络零售额增速开始回升。2017年,全国网络零售额7.18万亿元,同比增长32.2%。这说明新零售对电商经济的发展有着巨大的推动作用。所以,即便当下各大电商平台的财务报告成绩喜人,阿里巴巴、京东等大型电商企业也已开始未雨绸缪,寻找新的零售增长点，构建新零售模型。

同时，随着经济不断发展，人们手中的可支配收入越来越多，物质消费水平越来越高，人们选择商品时的关注点逐渐从商品价格转向了消费体验，个性化消费、定制化消费日渐流行。与线下实体店相较，在打造直观体验方面，线上电商有着先天缺陷。

在这种情况下，传统电商需要创建新消费生态与渠道，摒弃传统的消费方式，不断创造新的消费方式。

电商自诞生之日起就与物流建立了紧密联系，形成了利益共同体。随着电商迅猛发展，国内的快递业务量持续增长，民营快递企业完成原始积累后纷纷上市，希望在资本的助力下实现突破式发展。这种现象说明我国的快递行业已进入洗牌阶段，尤其在进入新零售时代之后，很多中小快递企业都有可能被淘汰。

因为传统的物流经营模式的供应链很长，覆盖的环节特别多，比如物流公司、货主、终端客户、专线物流等，而且运输方式多为"点到点"运输，运输效率较低、时间成本较高、费用较高，无法满足客户多元化的运输需求。所以，传统物流企业要想实现健康可持续发展就必须转型升级。

◎ 借助大数据构建精益供应链

物流企业要想提升有效供给能力，就必须针对传统物流业存在的问题，推动物流组织管理模式转向供应链管理，推动行业组织与生产模式转型升级，对资源进行整合，对流程进行优化，实现精益管理。

首先，现代物流企业要利用供应链集成思想对内部业务流程进行优化，包括优化资源配置，提升自身物流功能的集成化程度，缩短物流运输时间，减少中间成本。要想做到这一点，物流企业必须从物流服务提供商转变为物流供应链管理服务商，立足于客户视角，围绕物流业务，增加客户价值，提升服务水平，以流程改造为基础增加一些增值服务项目，使优质服务的供给水平得以持续提升。

其次，现代物流企业还要加强信息化建设，尤其要做好信息支持平台建设，为供应链运作提供有效支持。其原因在于，在新零售时代，物流要求对产品销量做出精准预测，调拨库存，提升物流运输效率，降低物流运输成本，优化物流服务体验，将商品更好地送到客户手中。

在供应链管理模式下，物流对信息、数据的采集、处理、分析、更新产生了严重依赖。物流企业与供应链各节点都需要信息沟通，这些信息在不同架构的平台中存在。所以，在精益供应链管理的过程中要做好数据整合工作。

通过前面的论述我们知道，国内传统物流的缺陷就是中间环节太多，供应链资源无法实现优化配置。相关数据显示，我国一件商品在到达消费者手中之前平均要搬运7次。现如今，很多物流企业都开始利用互联网来减少货物搬运次数，比如利用网络平台、数据分析对货物和运力之间的关系进行协调，让各物流节点实现无缝对接。

这种做法的核心就是创建一个面向全供应链的物流数据信息平台，在信息技术、互联网技术的支持下疏通整个供应链系统，让供应链系统实现顺畅连接，围绕客户需求形成服务链。

以京东物流为例，通过大数据分析，京东能对各地区（从厂家到市级或某地区仓库）产品的需求量做出精准预测，将产品直接分发给消费者，中间搬运次数不超过 3 次。同时，通过分析消费者的行为数据，京东可对某个时间节点某地区需要的商品数量做出精准预测，将预测数据提交给制造商，对厂家的线下生产活动提供指导，或向厂家发出指令，将货物直接运输到需求地，降低库存。借助大数据支持下的供应链管理，京东物流让线上销售、线下生产、线下配送实现了有机融合，在很大程度上提升了商品的生产效率、流通效率、服务效率，在缓解物流压力的同时使生产商的库存风险得以有效缓解，在很大程度上满足了"新零售"时代对现代物流服务的要求。

◎ 分享经济下的共同配送模式

现如今，分享经济已渗透到人们衣食住行的方方面面，比如网约车、共享单车、共享充电宝、共享雨伞等。

《中国分享经济发展报告》表示，目前，我国有 5 亿多人参与了分享经济活动，分享经济的参与者、受益者、推动者持续增加。未来，从分享经济中受益的传统企业、传统行业将越来越多，从而创造一个新格局，为行业生态的创建提供有效支持，为传统物流行业的转型升级提供灵感。

分享经济是一种全新的发展观，是一种资源配置的新方式。现如今，在分享经济领域，不同行业的跨界融合发展正在成为一种新趋势。

"整合是物流行业最大的魅力所在，传统物流行业就是要不断将供应链上的闲散资源整合到一起，使其社会组织化能力得以切实提升，通过对供应链组织模式的优化将小企业集中到一个平台上，提升物流运输效率，让中小企业变得更加灵活。"蔡进副会长如是说。

传统物流效率的提升完全可依赖共同配送实现。共同配送将多个客户串联到一起，在不同客户间开展有序配送，其模式主要有两种：一是多对一配送；二是多对多配送。共同配送将不同货源地的货物集中到了一起，由一个或多个物流配送企业负责按照指令将货物配送到客户手中，中间的第三方承运商也可以同时配送多家货源。

共同配送模式面向的终端客户处在不同行业，在货物运输过程中通过车位、仓位共享使车辆空载率、物流成本得以显著下降，使物流资源利用率得以切实提升，为物流"最后一公里"难题提供了有效的解决方案。从总体来看，共同配送的核心就是在最大程度上对不同平台的人力、物力、资本、资源进行整合利用。

现阶段，新型物流企业正在利用共享思维及互联网寻找新商机，推动物流行业不断发展。

以北京云鸟公司为例，该公司是一家新型互联网企业，看到物流行业未来的发展机遇后开始着手构建用于供应链配送的服务商平台，通过对海量社会运力资源的整合让企业的配送需求与社会运力实现精准匹配，辅之以增值服务，创造一种全新的供应链配送模式。

借助该公司开发的鸟眼系统，配送信息可随时传送给收发货人、仓库调度及管理人员，货主可在鸟眼系统上发布货物运输线路，该系统会主动帮货主寻找车辆。通过互联网管理，整个配送及交易过程都可以实现透明化、可视化，让收发货人享受到更加优质的货物配送体验。

这是共享经济在城市配送物流中应用的典型表现。在整个业务链条上，共同物流配送的参与方对仓储设备、仓库、车辆、人力、技术等资源实现了共享，帮货主企业节约了物流成本，让物流资源实现了优化配置，促使物流公司实现了集约化运营。2016年初，菜鸟网络与几家物流公司合作组建菜鸟联盟，除此之外还有苏宁的宅急送、日日顺等，这些强强联合、抱团发展的行为也是一种共享。

"打通数据，让协同成本不断下降。"新零售对物流行业提出了很多新要求，要想满足这些新要求，未来的物流配送体系必须实现信息化、智能化、组织化、标准化，在大数据、物联网、云计算等信息技术的作用下对物流资源进行充分把握、有效整合。

对于新零售，阿里研究院给出了一个明确的定义："新零售就是以消费体验为中心的数据驱动的泛零售形态。"其核心是大数据。在新零售时代，物流行业的竞争不是货物配送速度、效率与体验的竞争，而是谁能率先完成消灭库存这一终极目标。而这一终极目标的完成则需要对大数据进行有效利用。

通过协同共享，传统物流企业摒弃了所有权理念，从占有所有权转向分享所有权，打破了传统物流的边界，不断对企业分工进行深化，让存量资源实现了社会化转变，提升了闲置资源的利用率。社会资源有待整合，但受所有权限制，很多物流资源都出现了以下两大问题：一是供给不足；二是资源闲置。

凭借新物流的协同理念，企业边界被打破，信息不对称问题得以有效解决，整个物流资源，尤其是闲置资源都实现了充分利用。在这种情况下，协同合作、智慧发展才是物流行业、物流企业的出路。

◎ 新零售电商物流的创新玩法

末端配送是新零售不可忽视的重要一环，目前，有些企业在布局新零售的过程中，正尝试通过众包快递模式、增加实体店的仓储功能或引进智能柜等方式来完成末端配送任务，提高企业物流运营的效率。

◆ **增加实体店的仓储功能**

门店除了具备展示功能之外，还可以存储货品，进行配送。企业可采用先进的技术、工具及物流设备来提高配送效率，进一步提升消费者的体验，满足他们的多元化需求，将门店的商品展示与线上渠道的展示统一起来，为方圆五公里以内的消费者提供半小时送达服务。

在门店经营过程中，运用电子标签及其他相关技术完成货品分拣工作。在配送环节，依托自建物流及第三方物流企业，为消费者提供满意的物流服务。

这种运营方式既有优势也有不足。优势主要体现在能够提升客户体验。其不足之处在于：店铺要拥有足够的仓储空间，如果门店位于中央商务区则需承担高昂的租金成本；自建配送队伍要消耗大量成本，如果是远距离配送则难以保证服务的实效性，如果通过第三方物流来完成终端配送，则无法保证服务质量。

◆ **社区仓/微仓**

企业将仓储环节前置，即体现为社区仓/微仓形态。以生鲜行业为例，由于这类产品比较特殊，需要靠冷链物流进行运输，容易在运送过程中出现损耗，导致企业在物流方面的成本居高不下。通过建设社区仓/微仓，生鲜电商企业则能够实现成本控制，加速物流运转。

◆ **采用众包物流方式进行末端配送**

在已有配送方式的基础上，众包物流能够发挥辅助作用，弥补快递人员不足的短板。在众包物流模式下，需求方在 APP 上传订单信息，平台能够快速提供服务费用，服务提供方抢单，在完成配送任务后得到相应的报酬。

众包物流的优势在于，企业可减少资产体量，提高社会闲置资源的利用率，灵活处理增减不定的快递业务量，挖掘更多的配送员。其不足之处则体现在，整个行业缺乏完善的监管机制，行业运营比较混乱，缺乏独有优势，需应对激烈的市场竞争；配送人员缺乏专业素质，难以保证服务质量，可能降低用户体验，容易出现产品安全问题；另外，配送人员多以兼职方式参与，缺乏稳定性。

◆ 设立快递自提点

作为一种末端配送方式，目前快递自提点的发展正逐渐趋于完善，市场地位不断提高，在不久的将来可能成为主流配送方式。

企业可选择自建，也可选择通过加盟方式设立快递自提点。自建方式是指，企业在人口集中分布的地区独立建设快递自提点，并提供资金支持，顺丰到家是这方面的代表；加盟方式是指，企业与社区的便利店合作，允许商户以加盟方式开设快递自提点，通过这种方式提高店内流量，同时能够拓展收入来源。相比之下，自建方式的成本高，但可控性强；加盟方式成本低，但服务方面缺乏品质保障。

通过快递自提点取件，不用考虑时间因素；与此同时，不会对客户的隐私安全构成威胁；另外，还能实现统一的标准化运营，改变传统模式物流配送过于分散的局面。其不足之处在于，自建方式缺乏明确的盈利模式，商户类型多种多样，缺乏有效的质量监管，在拓展过程中容易遇到阻力；现阶段缺乏有效的推广，很多消费者对这种模式缺乏认知。

第 8 章 | 智慧配送：突破"最后一公里"配送瓶颈

◆ 智能快递柜

作为一种末端快递配送模式，智能快递柜能够有效解决"最后一公里"配送难题。在快递企业、电商平台及第三方平台的推动作用下，这种方式已初具规模，但仍未形成清晰的盈利模式。

未来，物流行业将更加注重智能快递柜的发展，通过在这方面的布局集中解决末端配送问题。近年来，由快递柜完成的包裹配送在总体的比重持续提高。在今后的发展过程中，智能快递柜会成为社区生态的重要构成部门，并发挥其连接价值，推出多元化的增值服务。目前，在电商平台、物流企业、第三方平台的共同推动作用下，智能快递柜的发展已经初具规模。预计到 2020 年，智能快递柜网点将达到 35 万个，通过智能快递柜投递量会达到快递总量的 30%~40%。

近年来，不断上涨的租金成本、收费端免费、日益激烈的市场竞争都增加了智能快递柜行业发展的压力。部分地区的快递柜租金已经翻了四倍，而很多地区收费端的服务费已经下降至零。由于不同社区相互隔绝，无法发挥设备之间的联动性，只依靠在智能快递柜中推出增值服务，无法快速有效地进入盈利阶段。

8.2 末端配送：共享经济下的配送新模式

◎ 末端配送的共享模式与价值

根据国家邮政局发布的《2017年邮政行业发展统计公报》，2017年全年，我国快递量突破了400亿件。快递业务量的迅猛增长促使末端配送问题愈发突出，传统的末端配送方式逐渐失效。在此情况下，借助互联网、物联网等技术打造一种末端配送的共享模式就成了行业发展趋势，借助这种模式，快递行业的末端配送资源可实现优化配置，从而提升快递配送效率，降低配送成本。

根据国家邮政局发布的数据，2015年我国快递量是207亿件，2016年我国快递量增长到了313亿件，2017年达到了400多亿件。按此速度发展下去，未来5~10年，我国快递业务量或可突破1000亿件。在规模如此之大的快递量的支撑下，我国已成为世界排名第一的快递大国。随着快递业务量迅猛增长，末端配送领域出现了很多问题，比如自动化、智能化、信息化水平不高，没有形成统一的标准，多次配送、配送效率低等，给快递行业的发展造成了严重制约。

第8章 | 智慧配送：突破"最后一公里"配送瓶颈

在整个物流配送链条中，"最后一公里"是末端配送的最后一环，至关重要。因为在末端配送的过程中，电商企业、快递企业会与用户直接接触，所以优质的末端配送可提升物流服务质量与用户满意度。根据菜鸟网络公布的数据，现阶段，每名快递员每天要派送80~120件快递，工作状态已相对饱和，80%以上的快递员每天工作时长超过8小时，"双11""双12"等电商活动期间，快递员每天的派件量更大。随着快递量持续迅猛地增长，这种快递员与消费者一对一交接、快递企业各自为政的模式显露出了种种弊端，亟须变革。

为提升末端配送效率与质量，降低物流成本，各电商企业与物流企业开始着手构建末端物流共享模式。目前，各快递企业已经认识到共享互联是解决末端配送问题的最佳方法，以"互联网+""智能共享"为共识，共同致力于"最后一公里"末端配送网络建设。

末端配送共享平台汇聚了订单流与分发流，需要对订单、运力进行合理分发、科学调配。末端配送共享模式不同，其目的却相同，都是对资源进行优化配置，提升单位时间内的快递配送量，降低配送成本。具体来看，末端配送共享模式有三大价值。

（1）快递公司、电商企业、第三方物流企业都建设了很多末端配送网点，重复建设导致运营成本增加。末端配送共享模式对现有资源进行了优化配置，提升了终端配送资源及人力、物力资源的使用效率。

（2）在传统配送模式下，快递员经常遇到收件人不在收件地，不得不重新约时间派送的问题。在末端配送共享模式下，快递员将快递送至智能快递柜或第三方代收平台，消费者可以根据自己的时间随时收取快递，从而提升了消费者的满意度。同时，快递企业无须二次派送，既节约了配送资源，又提升了配送效率。

（3）末端配送共享模式推进了整个物流系统的创新、变革。比如，作为社区接入点，智能快递柜可收集大量用户数据，商家通过对这些数据进行分析可获取更加完整的用户信息，从而为用户提供更加精准的服务。快递企业可以利用这些数据对物流网络进行完善，对配送任务进行合理调配。除此之外，通过用户数据分析，线上、线下还能实现融合发展，能根据消费者需求为其推荐互联网金融产品，衍生出更多其他业务，使业务范围进一步扩大。

◎ 末端配送共享模式简介及特点

现阶段，末端配送领域存在两大问题：一是快递量迅猛增长；二是因为快递员的配送时间与消费者的时间存在时间差，比如快递员需要等待，用户不在家需要二次配送等，导致传统的末端配送效率很难大幅提升。末端配送会对很多方面造成影响，比如商家服务质量、用户对物流服务的满意度、物流成本、社区生活质量与稳定性等。

为解决这些问题，物流企业对末端配送模式进行了创新，产生了三种极具代表性的末端配送共享模式。

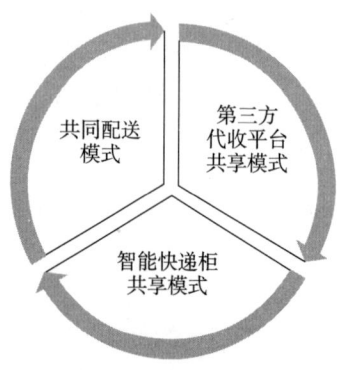

图 8-1　末端配送共享模式

◆ 第三方代收平台共享模式

在该模式下，来自不同快递企业的快递员将需要配送的快递集中送至固定的第三方代收站点，由该站点对快递进行二次分发。该模式主要用于高校、社区，第三方平台具有一定的资质和能力，不仅负责收发快递，还可以为用户提供其他服务。该模式的典型企业有菜鸟驿站、熊猫快收等。

菜鸟驿站基于自身的平台优势，通过发挥协同效应对末端配送网络进行共享。目前，菜鸟驿站在全国 200 多个城市开设了 4.5 万家站点，通过资源整合减少了末端重复配送现象，降低了末端配送成本。作为国内最大的社区、校园物流服务平台，菜鸟驿站自主研发了快递包裹收发系统，并引入大数据为企业、用户提供包裹代收、代寄服务，帮快递公司完成"最后一公里"包裹的聚合。

熊猫快收也是一家从事快递代收、代发业务的第三方企业，这家企业是在"社区物流最后 100 米"的基础上发展起来的，站点遍布华东、华中等地区，数量多达 5000 多家。

◆ 智能快递柜共享模式

随着电商迅猛发展，消费者强烈要求服务升级。在国内劳动力资源锐减、作业效率难以提升的情况下，服务升级只能通过末端配送自动化、智能化来实现，原有的劳动力驱动模式也将向技术驱动模式转变。对于末端物流自动化转型来说，未来 3~5 年是窗口期。在此形势下，智能快递柜被人们视为最有效的末端配送方案。快递人员将快递放入智能快递柜，无须等待用户取件，也无须重新与用户预定时间派件，从而节省了配送时间，提升了配送效率。另外，智能快递柜能 24 小时作业，用户可以随时收取快递，从而提升了对物流服务的满意度。目前，典型的智能快递柜企业有速递易、丰巢科技等。

现阶段，智能快递柜可以说是最接近用户的基础设施、物流配送节点，在全开放的数据系统的支持下，不仅可实现末端物流资源共享，还能使物流服务水平得以切实提升。

◆ 共同配送模式

虽然智能快递柜得到了人们的普遍认可，但末端配送不能完全依靠用户自提。因为有些商品需要送货上门，比如高价值的商品、水果生鲜等对配送质量与配送时效性有较高要求的商品。在此情况下，"最后一公里"共同配送模式应运而生，典型代表有城市100共同配送。

城市100在线下设立了开放式门店，利用C2C快递和B2C配送，对上下游供应商、服务商进行了整合，打造了一个面向社会大众的末端物流配送及社会服务平台。目前，城市100已在北京拥有170个网点，这些网点的形态非常灵活，有标准门店，也有快递柜网点，还有与超市合作的门店，对物流配送的末端资源进行了有效整合。

◎ 末端配送的发展痛点与建议

在新零售环境下，"最后一公里"配送对配送的时效性、准时性提出了较高的要求。天猫超市、每日优鲜推出"1小时送达"服务，苏宁的苏鲜生、盒马鲜生、7FRESH、超级物种都为3公里内的顾客提供极速达服务，不断精准物流配送范围，提升物流配送速度，保证物流配送时效。由此可见，这些新零售企业都将准时、高效的末端配送作为提升消费体验的秘密武器。

根据艾瑞咨询发布的《中国即时物流行业报告》，2016年，即时物流行业完成56亿多单订单；2017年，即时物流行业完成的订单量增至89.2亿单；预计到2019年，即时物流行业承接的订单将达到159.2亿单。在即时物流行业快速崛起方面，商超宅配发挥了巨大的推动作用；而对于新零售来说，即时物流是其落地的基础设施。

近两年来，新零售迅猛发展，消费不断升级，"互联网+物流"进入下半场，各企业纷纷开始抢占末端。从2017年末端物流行业的资本情况来看，致力于解决城配"最后一公里"问题的物流企业备受资本追捧，比如丰巢、云鸟配送、闪送、唯捷城配等；顺丰、中通、圆通、申通、全峰、宅急送等传统物流企业开始布局同城即时配送；饿了么、美团外卖、百度外卖等外卖平台及新达达、点我达、人人快递等众包物流开始拓展同城最后一公里配送业务；UU跑腿、快服务、闪送、邻趣等跑腿服务更是切入了更多生活场景。

虽然即时配送市场有着巨大的需求，但整个行业还处在初期发展阶段，有很多痛点。

（1）短期内，即时配送满足了客户对物流时效性的要求，但即时物流配送并没有提速。即时物流配送的发展目标是提升物流配送质量，形成服务链。但目前，即时物流配送行业的配送人员较为分散，不易管理，导致服务质量难以提升。

（2）很多即时物流配送企业的发展尚未成熟，运作模式不完善，基础设施不健全，对资本有着较强依赖。一旦资本市场热度下降，失去了资本支持，企业就无法再用补贴吸引用户，很有可能再难发展。

（3）很多即时物流配送企业尚未形成规模效益，行业价格体系、服务标准不规范，市场没有做出明确细分，给整个行业发展造成了严重制约。

随着即时配送需求不断增长，市场竞争压力持续加大，企业要想进一步提升市场竞争力，就必须提升 2B、2C 环节的物流服务质量。为此，物流企业要建立健全自己的物流体系，采用更精准、更智能、更高效的运作方法，借大数据、智能定位、智能算法等技术为客户提供更加优质的服务。

如果企业已形成一定的规模，就可在末端智能设备领域加大投入，比如建设智能货柜、智能收货站等；还可以加大在智能设备应用领域的研究，借科技手段打造多元化的即时物流配送服务。相关政府部门及协会也要积极听取企业的意见与建议，制定统一的行业标准与规范，推动即时配送行业实现健康可持续发展。

◎ 巨头布局：抢占最后一公里

很多行业都锁定了"最后一公里"，并将其作为开拓重点。早在发展"智慧社区"与"智慧城市"时，许多社区服务创业企业及地产商就在"最后一公里"展开布局，目的是更好地服务于社区消费者。

尽管 O2O、众包模式在 2013 年就开始在市场上兴起，但带头人以物业企业和地产商为主，致力于为业主提供更加优质的服务，无法延伸到产业链上游的物流企业，在发展过程中遭遇许多阻力。近年来，随着末端配送人员的成本不断提高、诸多物流行业纷纷上市，零售行业、物流企业也开始注重对末端配送的布局与发展。

从企业发展的角度来分析，采用集约化配送方式可以节约成本，增强时间弹性，为用户提供更加优质的服务，提高个人信息安全性。其不足之处体现在，要投入大量成本建设自提柜，通过精准测算维持人流、货物流的相对稳定，加快实现收支平衡。但一方面，国内物流注重配送环节的推广，上述模式的地推效果却十分有限；另一方面，上述配送方式收费水平高，很多快递企业宁愿选择"共同配送"模式。

从营业网点的角度来分析，如果只采用"共同配送"模式则可能面临经营亏损问题，为解决此问题，营业网点通常选择与同类公司合作。如果物流企业的配送收入较低，快递员无法获得回头件，则无法吸引快递公司服务站的加盟。

在末端物流配送环节，代收类企业能够在一定程度上完善物流体系的建设，本身具备丰富的合作网络资源的企业在这方面更具优势。但由于业务模式缺乏多样性，代收企业无法在市场上占据重要地位。

另外，现阶段的自助查询收件系统尚未实现批量化运营，企业难以从中获取利润。应用规模较小意味着企业需支付大量成本，为解决这个问题，相关经济主体需进一步开拓市场需求，做好利益协调工作，并提高用户的信任度。

自助收件查询系统的优势体现在：距离用户近，信息化水平高，规范化程度高，等等。其不足之处则在于难以实现盈利，且利益协调比较困难。顺丰与7-11便利店在这方面开展了合作，顺丰只收取两成的佣金，换作其他参与主体，则需付出更多的谈判成本，难以扩大其实施范围。

在新零售时代，末端配送是整个物流配送重点布局的领域。物流行业要想加速配送运转，就要解决"最后一公里"难题。从供应链的角度来分析，货物存储、运输、配送、线路选择等都是物流企业要考虑的问题；除此之外，还要对车辆型号、货品类型等信息进行分析；而在末端配送环节，则需提高车辆资源的利用效率，提高配送效率，保证交付完整性。

◆ 顺丰控股

顺丰控股联手顺丰商业网点、智能快递柜、物流代理点、物业管理部门等，沟通解决末端配送问题。根据顺丰控股2017年年度报告，到2017年末，顺丰与近3万个合作代办点和617个物业管理公司网点达成合作关系，顺丰控股参股的丰巢科技在社区/写字楼安装运营的智能快递柜已达约7.5万个，在北京、上海、广州、深圳等80个城市均有分布。

◆ 云鸟科技

依托互联网和大数据技术，云鸟科技构建了"同城供应链交付"平台，开发出鸟眼系统，促进了商流、信息流、资金流在各个环节的高效流通，提高了企业对运作流程的管理能力。利用鸟眼系统，企业能够进行准确定位，选择合适的车型、司机，并精准预估货物送达时间，在运输过程中做好温控、电子签收、妥投管理等工作，从而提高末端配送环节的车辆资源利用率，提高配送效率，保证交付完整性。现阶段，国内物流市场的车辆满载率可达80%左右，云鸟科技比这个平均水平高出10%；国内物流市场的出仓时间为130分钟，云鸟科技则力争将其缩短至20分钟，从整体上加快配送运转。

◆ 菜鸟网络

阿里巴巴自主研发的末端配送机器人小G将被用来解决"最后一公里"难题。这款机器人融合了运动规划、自主感知、智能感知等诸多先进技术。2018年上半年，第三代菜鸟配送机器人小G Plus在阿里巴巴杭州总部进行了路测，计划在年底前进行量产。用户可以用手机将需求信息传达给小G，小G则能够根据用户位置选择理想的配送路线方案，完成末端配送任务，以电子扫描方式完成签收。依托深度学习技术，小 G 的智能感知能力不断提高，能够对周边环境的复杂事物进行识别，有效躲避障碍物。目前小 G 已经在法院中用于传送文书，后期将不断拓宽应用范围。

◆ 京东物流

京东在布局"最后一公里"时大力发展智能机器人，用以取代传统的人工配送。2017 年"618 年中大促"期间，京东配送机器人在中国人民大学完成首单配送任务；同年 6 月 6 日，京东新物流全国运营调度中心就在宿迁建成，标志着京东无人机常态化运营将逐步开展，无人机项目已进入实际应用阶段。早在 2016 年 5 月，京东 X 事业部落成后，就不断完善其新物流体系，相继推出无人机、配送机器人，并积极开展运营测试。现如今，京东的配送机器人在中国人民大学、浙江大学、清华大学等多所高等院校投入正式运营，其配送机器人应用了先进的人工智能技术，能够制定最优配送路线，躲避障碍物，将货物送达信息发送到用户手机上，让用户通过简便的操作就能开启取货程序，顺利拿走自己的包裹。随着先进技术的应用，京东配送机器人还可能推出刷脸取货等方式。

8.3 新物流时代的电商末端配送模式优化

◎ 智慧物流环境下的运作特征

除电子商务末端配送环节之外,物流企业无须与消费者进行接触。所以,企业在这个环节的运营直接关系着客户对企业服务的认可度,是物流企业不能忽视的关键环节。近年来,伴随着电商行业的发展,物流企业要处理的包裹数量不断增加。不仅如此,电子商务末端配送在模式方面存在许多不足,经常出现送货速度慢、包裹包装破损甚至包裹在途中丢失的问题,无法带给客户优质的服务,引发诸多不满。

要想改善电子商务末端配送环节的运营现状,物流企业就要采取有效手段进行成本控制,还要加速企业在这个环节的运营,降低客户的投诉率。如今,越来越多的物流企业开始实施智能化建设,并积极采用大数据、云计算、物联网等技术手段对原有运营模式进行改革,拉开了新物流时代的大幕。

新物流是指物流企业依托云计算、大数据、互联网等先进技术手段,对各个环节进行智能化改造与升级,用自动化操作代替传统的人工操作,提升系统的数据分析能力,能够及时发现问题并加以纠正，加速企业在仓储管理、运输、加工、配送、供应链等各个环节的运营。

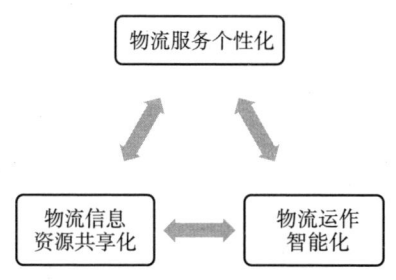

图8-2 新物流的运作特征

◆ 物流服务个性化

传统物流时代，物流企业只需向顾客提供送货服务即可；现如今，简单的服务已经无法满足顾客的个性化需求。具体来说，货品类型不同、需求紧急程度不同、个人心理等因素都使得顾客对物流服务提出了更高的要求。除了基本的货品收送服务之外，物流企业还要为顾客提供个性化的服务。举例来说，用户只需下载APP，就能及时查询货品的物流状态，并且能够自助取件，有的APP还能够帮助用户进行货品转寄等，满足用户的多元化需求。

◆ 物流运作智能化

通过应用先进的技术手段，不少传统物流企业正在向智能化方向发展。在这个过程中，企业的物流运作模式也发生了很大的变革，智能化特征越来越明显。

（1）利用智能分拣技术与智能分单系统，对物流分拨中心的传统运作模式进行改革，实现自动化分拣。

（2）利用大数据统计与分析技术，对某些地区的快件、包裹发送量进行统计，并分析其中隐藏的规律，科学规划物流配送中心、分拨中心的网点布局。

（3）利用大数据技术掌握顾客的消费习惯、收货习惯及方便收货的时间等，对现有配送模式进行调整，按照顾客要求的时间送货上门。

（4）进行智能化建设，运用无人机、无人车等代替传统的人工配送，提高运营的智能化水平。

◆ 物流信息资源共享化

在向智能化方向发展的过程中，物流企业要想在控制自身成本的同时，加速整体运转，就要实现物流信息资源的整合，以共享方式进行资源利用。为跟上时代发展的步伐，企业应该打造新物流信息平台，借助大数据、云计算、物联网、智能仓储等技术手段，将企业、商品、顾客之间的信息串联起来，强化对物流运作各个环节的管控，利用物流平台与其他企业之间进行顺畅的信息交流。

◎ 电商配送存在的问题与对策

现代化信息技术在物流行业的应用，确实能够帮助企业优化现有的电子商务末端配送。不过，除了技术层面之外，企业在其他方面取得的成就并不显著。目前，国内物流企业在电子商务末端配送环节还有许多要解决的问题：

（1）难以降低成本。为了完成末端配送任务，物流企业要建设配送网点，还要组建配送团队。另外，如果配送时顾客不在接收地点，还要再次进行配送，这都会增加末端配送成本。数据统计结果显示，这个环节的配送成本在总成本中的比重超过三成。

（2）难以提升效率。代收点管理不善、顾客不便等因素，会导致包裹送达较慢，拉低物流企业的整体配送效率。

（3）难以提供优质服务。包裹送达慢、途中破损乃至丢失、配送人员自行签收处理等现象频繁发生，降低了末端配送服务的质量，导致顾客投诉率居高不下。

（4）难以实现资源整合。在某个地区，会同时存在多家物流企业搭建的分流中心。不同企业的运营是相互独立的，每个企业都会组建配送团队、购进相关设备等，无法整合利用资源，不仅导致企业成本难以下降，还容易增加交通负担，导致行业整体运营效率难以提高。

供应链指的是由供应商、生产商、零售商、批发商、最终用户构成的整体功能网链结构，涉及原材料采购、产品生产、产品销售等多个环节。现代供应链的基本原理更注重网链结构中各个成员与核心企业的合作，更关注供应链各个环节上企业对资源的优化配置。在整个过程中，企业要掌握主导权，对供应链进行设计、管理，使整个供应链组织实现有效运作。供应链上的每个企业都是一个节点，节点企业之间是供需关系。

◆ **信息化基础建设相对落后**

在电商环境下，一切商务活动都与信息化密切相关。近年来，虽然我国的信息化建设实现了迅猛发展，但尚未实现全面应用，且应用水平也比较低。所以，无论是政府还是企业都应加大投入，搞好信息化基础建设，做好网络与信息技术方面的基础研究与应用研究，推动电子商务实现广泛应用。

◆ **成员间的信任关系难以建立**

在供应链体系中，各企业要共享资源、信息，企业边界不能过于分明。但实际情况是，企业之间无法建立信任感，相互之间的信任度不对称，导致企业的供应链体系难以实现统一管理。面对这些问题，政府要加强法律法规建设，建立一个良好的市场运行机制，为企业发展创造一个良好的环境。除此之外，企业还要不断地提升员工的道德素质，对员工的职业操守与习惯进行有效培养。

◆ 数据标准化难以统一

虽然我国已经建立了物流识别标准体系，但该体系在推广使用中存在很多问题，并且整个供应链的标准还未实现统一。所以，为了提升供应链管理效率，国家相关部门要做好标准化建设，让物流标识标准、运输工具标准实现统一，形成电商数据标准化体系。

◆ 成员间利益分配不平衡

随着电商发展速度越来越快，企业间的合作程度越来越深，企业间信息流与资金流的流通越来越频繁，企业间的边界也变得越来越模糊，最终整个价值链都实现了重构，企业之间也出现了利益分配不均的问题。面对该问题，供应链中的各企业要根据自己扮演的角色、参与的环节、重要程度、价值高低来进行协商，确定利益分配原则。除此之外，企业要加强对这种新型营销模式与管理模式的研究，构建科学、完善的利益分配策略。

◆ 信息库存的实效性影响

在电子商务基础上构建起来的供应链管理用信息替代库存，企业持有虚拟库存而非实际库存，如此一来，企业持有的库存风险能显著缓解。但是，面对实时变化的市场需求，尤其是随机提出的市场即时需求，虚拟库存无法对其进行实时满足。要想真正地用虚拟库存替代实物库存，实现零库存，企业就必须在供应商、制造商、客户之间实时传递信息，保证虚拟库存真实、可靠、准确。

◎ 末端配送的优化与运营思路

在新物流时代,企业要注重对先进技术的引进与应用,依托大数据、云计算、物联网等技术手段,优化现有车辆路径、提供可视化配送服务、优化配送模式的智慧分析,从而帮助物流企业降低电子商务末端配送的成本,提升其服务质量,实现资源的整合利用,使企业跟上新时代发展的步伐。

◆ **优化车辆路径**

接收到客户的需求信息后,配送中心要安排车队为其提供配送服务。在具体运营过程中,为了降低成本,或者缩短总体路程,或者节约时间,企业不仅要满足用户的需求,还要对车辆的行驶路线进行规划。通过建设新物流,企业能够通过大数据、云计算、物联网等技术的应用,迅速获取相关路段的实时交通状况,根据分析结果选择最合理的行车路线。优化车辆路径不仅能够提高配送效率,还能减轻交通压力,提高资源利用率。

◆ **优化可视化配送**

什么是"可视化配送"?即实时跟踪物流运输状态,利用车辆定位、在线调度等技术,为顾客提供货品的物流运输情况。现阶段,很多物流企业都已经推出了可视化配送服务,但其发展尚未成熟,只能获取关键节点信息,缺乏时效性,并不能向顾客提供末端配送途中的完整信息。随着新物流的建设与发展,企业能够利用物联网技术,为顾客提供更加详细的物流信息,再结合大数据、云计算等现代化技术手段,准确分析包裹送达时间。可视化配送服务的提供,能够帮助企业完善自身的服务体系,进一步降低顾客的投诉率。

◆ 优化配送模式的智慧分析

由于客户分布缺乏集中性，不同客户的需求不同，企业必须提供多样化的配送模式来满足他们的需求。现阶段，物流企业的末端配送方式主要包括上门送货、自助提货、智能提货柜三种。要想提高整体配送效率，在实现成本控制的基础上提供优质的服务，就要优化配送模式的智慧分析，在掌握顾客消费习惯、购买商品类型等信息的基础上，提高自身服务提供的针对性。

举例来说，家庭主妇、退休人员、老年人等居家时间比较多，可以提供上门送货服务；对于上班族和学生群体，可选择为其提供自助提货与提货柜服务模式；如果商品本身体量较大，也应该送货上门。

除此之外，企业通过优化配送模式的智慧分析，能够丰富订单页面的功能，让消费者根据自身需求选择配送方式。比如，可以自己决定送货上门的时间，选择自助提货的地点、提货柜地址等，为其取货操作提供更多的便利。通过这种方式，企业能够尽量避免二次配送，减少物品损坏与丢失。

◎ 末端配送的优化方案与流程

◆ 优化方案

在向新物流发展的过程中，对于电子商务末端配送环节的运营，应该通过打造智慧配送信息平台与共同配送中心，形成完整的末端配送体系，达到企业优化方案的目的。

（1）智慧配送信息平台

物流企业、电商企业等要依托互联网技术，搭建智慧配送信息平台，实现与合作企业、消费者之间的信息资源共享，利用该平台进行信息收集与深度处理，在综合考虑多方面因素的基础上，制定合理的配送方案。

智慧配送信息平台通过发挥物联网技术的作用，能够对订单信息、交通路况、车辆信息、配送者信息等进行获取，并在此基础上发挥大数据、云计算的作用，对收集到的数据资源进行分析与处理，优化配送方案。不仅如此，在智慧配送信息平台上，消费者还能够对配送者的服务打分。在这方面，为了避免配送人员的身份造假，对客户的财产乃至生命安全构成威胁，物流公司要求每个配送人员都要提交自己的真实身份信息。另外，客户可以根据配送人员的服务质量、送货是否及时等，对其工作进行评价。每隔一段时间，物流公司的员工系统就会对配送人员实施绩效测评，对表现优异者给予奖励，并对顾客投诉频繁的配送人员予以相应的惩罚。

（2）共同配送中心

共同配送中心能够将分散的线下资源集中起来，配备先进的物流设备、足够的车辆资源、专业的工作者，并建立完善的作业制度，按照既定流程开展各个环节的运营。共同配送中心接收来自不同物流企业的包裹快递，对所有包裹进行集中处理。在这种模式下，物流行业能够实现内部资源的整合利用，提高各个环节的智能化运作水平，实现配送方案的优化。共同配送中心的建设能够加强企业之间的信息共享与合作，避免物流设备设施闲置，减少资源浪费，帮助企业节约运营成本。

◆ 运作流程

通过分析可知，电子商务末端配送系统包括两大板块：智慧配送信息平台与共同配送中心。那么，其运作流程分为哪几个步骤?

（1）共同配送中心接收来自不同物流分拨中心的包裹快递，把接收信息发送给智慧配送信息平台。

（2）智慧配送信息平台在综合处理订单信息、车辆信息、交通状况的基础上，用智能化技术手段，为企业提供合理的末端配送方案。

（3）以智慧配送平台制定的配送方案为基准，共同配送中心对来自不同物流公司的包裹进行集中处理，合理安排车辆资源，实施配送。在具体配送时，应该将顾客在不同平台订购的货品集中起来，一次性完成配送。

（4）利用智慧配送平台掌握的数据信息，选择能够满足顾客需求的末端配送模式，并准确计算送货时间，对代售点进行定位。可以为客户提供送货上门服务，也可以将包裹放在配送网点，让顾客自助提货。

（5）顾客签收货品，并对配送人员及整体物流服务打分，进行信息反馈。这些信息能够反映给企业的智慧配送信息平台，为企业后续的服务优化提供有效的参考。

 优势分析

电子商务末端配送系统的优势体现在哪里呢？在这里总结出如下四个方面：

（1）利用共同配送，加强不同企业之间的沟通互动关系，实现线下各项资源的整合利用，避免重复建设，帮助企业降低成本消耗。

（2）采用智能化手段，对来自不同企业的包裹进行集中处理，一次性为顾客配送从不同平台购买的商品，加速整个物流行业的运转,为顾客提供更加优质的体验。

(3)利用可视化追踪、配送员评价体系等,进一步提高客户对企业服务的认可度。

(4)在实施共同配送的同时,运用智慧配送信息平台的数据分析能力,优化配送方案,在实现成本控制的同时,提高配送效率。

在向新物流发展的过程中,物流企业要与其他企业联手打造智慧配送信息平台与共同配送中心,并形成完整的电子商务末端配送体系,运用大数据、云计算、物联网等技术手段,改进电子商务末端配送的流程,整合线下实体资源,在节约总体成本的同时,提高配送效率,为顾客提供更加优质的服务。另外,除了物流企业、电商企业之外,政府的行动也能够对方案优化效果产生影响。物流行业不能忽视这些因素。